Wolfgang Jüngst/Matthias Nick

•

Arbeiten und Leben im Ausland

Wolfgang Jüngst/Matthias Nick

Arbeiten und Leben im Ausland

**Auswandern oder Überwintern:
alle wichtigen Informationen.
Mit 10 Länderkapiteln von Schweiz bis USA**

Linde international

stern

Bibliografische Information Der Deutschen Bibliothek

Die Deutsche Bibliothek verzeichnet diese Publikation in der Deutschen Nationalbibliografie; detaillierte bibliografische Daten sind im Internet über http://dnb.ddb.de abrufbar.

ISBN 978-3-7093-0214-9

1210 Wien, Scheydgasse 24, Tel.: +43/1/24 630
www.lindeverlag.at
www.lindeverlag.de

Umschlag. *stern* und buero8
Satz: deleatur, Dr. Ing. Karl Giesriegl (www.deleatur.com)
Druck: Hans Jentzsch & Co. GmbH., 1210 Wien, Scheydgasse 31
1

Inhalt

Vorwort

Alles hinter sich lassen, irgendwo ganz neu anfangen und einen anderen Teil der Welt entdecken – diesen Traum träumen viele. Und immer mehr wagen es wirklich. Der Trend zum Auswandern hält ungebrochen an.

Wer ernsthaft daran denkt, Deutschland nicht nur für einen Urlaub zu verlassen und das Leben in der Schweiz, den USA oder Polen zu versuchen, der braucht Hilfe. In anderen Ländern gelten andere Regeln: bei der Arbeit und beim Wohnen, bei Versicherungen und der Schule für die Kinder.

Der *stern*-Ratgeber „Arbeiten und Leben im Ausland" gibt diese unerlässliche Hilfe. Zunächst in einem allgemeinen Teil zu Versicherungen, Rente und Wohnen im Ausland, der in der Regel für alle Länder zutrifft. Und dann in zehn Länderkapiteln von Schweiz bis USA – ausgewählt danach, wohin es die meisten deutschen Auswanderer zieht.

Mut brauchen Sie selbst – Rat finden Sie hier. Ich wünsche Ihnen Erfüllung und Erfolg, egal, wohin die Reise geht.

Frank Thomsen
Chefredakteur *stern.de*

Einleitung

Spätestens wenn die großen Fernsehsender ein Thema für das Hauptabendprogramm entdeckt haben, kann man von einem Trend sprechen. Sendungen wie „Mein neues Leben XXL" und „Goodbye Deutschland" treffen den Nerv der Zeit. Auswandern ist in.

Das bestätigen auch die aktuellen Zahlen des Statistischen Bundesamtes für 2007. Sechs Prozent mehr Deutsche als im Vorjahr kehrten Deutschland den Rücken zu, so viele wie noch nie, seitdem diese Daten in den Fünfzigerjahren erstmals ermittelt wurden. Insgesamt waren es im vergangenen Jahr 165.000, etwa 90 Prozent davon aus Westdeutschland! Das ist nicht das Ost-West-Verhältnis, das das Fernsehen zeigt. Die Soaps und Dokus des Privatfernsehens spiegeln auch einen zweiten Aspekt des Trends nicht richtig wider: Um das Auswandern fernsehgerecht zu inszenieren, wählen die Sender exotische Ziele, je weiter weg, desto besser. Südafrika, Asien und Kanada bieten prächtige Kulissen.

Die nackten Zahlen aus Wiesbaden zeichnen ein anderes Bild. Auswanderziel Nummer 1 ist und bleibt die Schweiz (20.000), dann folgen die USA (14.000) sowie Österreich und Polen (je 10.000). Dass die Länder in diesem Buch in alphabethischer Reihenfolge dargestellt werden, dient der schnellen Auffindbarkeit der einzelnen Zielländer.

Die Motive für diesen Schritt ins Ausland sind sehr unterschiedlich. Das Spektrum reicht von Arbeits- oder Studienplatzgründen, der Liebe fürs Leben bis hin zu klimatischen Aspekten. Als das Meinungsforschungsinstitut Allensbach letztes Jahr die Deutschen zu diesem Thema befragte, sagte mehr als die Hälfte lapidar:

„Weil mir andere Länder besser gefallen als Deutschland." Die wichtigsten anderen Gründe waren das Thema Arbeit (36 Prozent) sowie familiäre Gründe (33 Prozent), und immerhin 17 Prozent verlassen Deutschland wegen zu hoher Steuern.

Eine ganz erstaunliche Zahl lieferte das Institut vom Bodensee aber auch noch: Jeder fünfte Deutsche spielt zumindest mit dem Gedanken, Deutschland irgendwann einmal dauerhaft zu verlassen. Für diese 15 Millionen Deutsche ist dieses Buch.

KAPITEL 1

Sozialversicherung und Steuer im Ausland

Sozialversicherung

Jedes Land entscheidet eigenständig, ob sich Arbeitnehmer aus dem Ausland dort sozialversichern müssen. Die Staaten der Europäischen Union haben im Zuge der Harmonisierung ihrer unterschiedlichen sozialen Sicherungssysteme ein Gemeinschaftsrecht geschaffen, das die Zuständigkeiten regelt. Damit soll auch ausgeschlossen werden, dass Sie sich doppelt (in Deutschland und in Ihrem ausländischen Zielland) versichern.

Gemeinschaftsrecht

Außerdem gibt es entsprechende Abkommen mit vielen Staaten, wie etwa mit:

- der Schweiz,
- Kanada,
- der Türkei oder
- den USA.

INFO

Eine komplette Übersicht erhalten Sie bei der DVKA Deutsche Verbindungsstelle, Krankenversicherung – Ausland, Postfach 200464, 53134 Bonn, Tel.: 0228 89530-0, Fax: 0228 89530-600, E-Mail: post@dvka.de, Internet: www.dvka.de.

Das Gemeinschaftsrecht der Mitgliedsländer der EU umfasst:

- Krankenversicherung (auch die Leistungen des Arbeitgebers bei Arbeitsunfähigkeit und Mutterschaft),

- Pflegeversicherung,
- Rentenversicherung,
- Unfallversicherung,
- Arbeitslosenversicherung und
- Familienleistungen.

Europäische Krankenversicherungskarte

Innerhalb der EU wurde die Europäische Krankenversicherungskarte eingeführt. Sie soll den Zugang zu den jeweiligen Gesundheitssystemen während eines vorübergehenden Aufenthaltes in einem Mitgliedstaat vereinfachen.
Zugleich hat die EU sogenannte E-Formulare entwickelt. Damit wurde ein allgemeingültiges System geschaffen, das in allen Mitgliedstaaten eine rasche Bearbeitung von Leistungsanträgen gewährleisten soll.
E-Formulare werden auch in den Staaten des Europäischen Wirtschaftsraumes (EWR) anerkannt. Die EU hat mit Liechtenstein, Island und Norwegen den EWR-Vertrag geschlossen und auch einen gemeinsamen Binnenmarkt vereinbart.

Folgende E-Formulare sind wichtig:

- Reihe E 100: für ins Ausland entsandte Arbeitnehmer sowie für Leistungsansprüche bei Krankheit und Mutterschaft.
- Reihe E 200: Berechnung und Zahlung von Rente.
- Reihe E 300: Leistungen bei Arbeitslosigkeit.
- Reihe E 400: Familienleistungen.
- Reihe E 600: nicht beitragsgebundene Leistungen.

Über E-Formulare können Sie sich eingehend bei Ihrem Sozialversicherungsträger informieren.
Besondere Regelungen gibt es für Arbeitnehmer, die vorübergehend von ihrem Arbeitgeber ins Ausland entsen-

Entsendung

det worden sind. Sie unterliegen in der Regel dann den deutschen Bestimmungen der sozialen Sicherung, wenn

- der Arbeitseinsatz auf zwölf Monate befristet ist,
- ein deutscher Arbeitnehmer abgelöst wird, der ebenfalls zuvor für zwölf Monate entsendet worden ist.

Ob die Voraussetzungen einer Entsendung vorliegen, entscheidet bei gesetzlich Versicherten die gesetzliche Krankenkasse in Deutschland, bei privat Versicherten der zuständige Rentenversicherungsträger.
Für den Geltungsbereich der EU können Sie bei Ihrer Krankenkasse oder bei Ihrem Rentenversicherungsträger das E-Formular E 101 „Antrag auf Ausstellung einer Entsendebescheinigung" verwenden.

Falls die Regelungen für Sie unzureichend sein sollten, haben Sie auch die Möglichkeit, dass zwischen Ihnen und Ihrem ausländischen Arbeitgeber eine Sondervereinbarung über das für Sie zuständige System der Sozialversicherung abgeschlossen wird.
Ob dies möglich ist, entscheidet die DVKA. Die Entscheidung liegt im Ermessen der DVKA. Grundsätzlich muss der Arbeitnehmer ein besonderes Interesse an einer Sondervereinbarung begründen.
Da die soziale Absicherung in vielen Staaten nicht ausreichend ist, sollten Sie immer die Möglichkeiten einer zusätzlichen Absicherung prüfen und auch nutzen. So sollten Sie eine Auslands-Krankenversicherung abschließen. Die DVKA bietet dazu nähere Informationen.

INFO

Einen Überblick über Versicherungsschutz im Ausland finden Sie im Internet unter www.auslandstreff.de/ausland.html.

Im Rahmen der Bestimmungen zwischenstaatlicher Sozialversicherungsabkommen werden in der Regel zwar die Ansprüche wechselseitig anerkannt. Dies garantiert Ihnen aber keineswegs, dass Ihr Lebensstandard im Alter gesichert ist. Sie sollten deshalb auf alle Fälle zusätzlich privat fürs Alter vorsorgen. Prüfen Sie Angebote von deutschen Versicherungen und Finanzdienstleistern. Ziehen Sie Angebote aus Ihrem Zielland zum Vergleich hinzu und prüfen Sie, was für Sie infrage kommt.

INFO

Weitergehende Informationen finden Sie im Internetportal der deutschen Rentenversicherer unter www.ihre-vorsorge.de.

Doppelbesteuerungsabkommen

Wenn Sie auswandern und Ihren Wohnsitz in Ihr Zielland verlegen, dann unterliegen Sie in der Regel den dort geltenden Steuer- und Sozialversicherungsgesetzen.
Sollten Sie allerdings weiterhin einen Wohnsitz in Deutschland und auch in Deutschland zu versteuernde Einkünfte haben, gilt für Sie das sogenannte Doppelbesteuerungsabkommen, das Deutschland und viele Staaten (darunter alle in diesem Ratgeber behandelten Länder) abgeschlossen haben. Dieses Abkommen soll vermeiden, dass Ihr Einkommen und Vermögen in beiden Staaten, also doppelt, besteuert wird.

Deutsches Steuerrecht gilt, wenn ...

Sie unterliegen aber nur dann dem deutschen Steuerrecht, wenn

- Sie sich innerhalb eines Jahres nicht länger als 183 Tage im Ausland aufhalten;
- Sie Ihr Arbeitsentgelt von einem Arbeitgeber erhalten, der nicht in Ihrem Zielland ansässig ist.

KAPITEL 2

Rente im Ausland, Rente aus dem Ausland

Wer länger ins Ausland geht, muss sich mit dem Thema Rente beschäftigen, gleichgültig, ob er noch im Erwerbsleben steht oder diesen Lebensabschnitt schon hinter sich hat. Denn entweder geht es um die Frage: Wird mein Auslandseinkommen für die Rente angerechnet? Oder es geht um die Frage: Bekomme ich für meine Erwerbsjahre in Deutschland auch eine Rente, wenn ich meinen Lebensabend im Ausland verbringe?

Arbeiten im Ausland – wie wirkt sich das auf die Rente aus?

Rente ansparen

In diesem Abschnitt geht es also um die „Ansparphase" der Rente während des Berufslebens, später kümmern wir uns um die Fragen zur Auszahlungsphase. Welchen Einfluss hat eine Auslandstätigkeit also auf meine deutsche (staatliche) Rente?

Nach den EWG-Verordnungen Nr. 1408/71 und 574/72 werden auch im EU-Ausland erbrachte Versicherungszeiten „in der Regel" für die Rente angerechnet bzw. mit deutschen Zeiten zusammengerechnet. Zu diesen Ländern gehören:

- Belgien
- Bulgarien
- Dänemark

- Estland
- Finnland
- Frankreich
- Griechenland
- Großbritannien
- Irland
- Italien
- Lettland
- Litauen
- Luxemburg
- Malta
- Niederlande
- Österreich
- Polen
- Portugal
- Rumänien
- Schweden
- Slowakei
- Slowenien
- Spanien
- Tschechien
- Ungarn
- Zypern (griechischer Teil)
- Außerdem: Island, Liechtenstein, Norwegen, Schweiz

Entsendung

Ob Sie im Ausland überhaupt versicherungspflichtig sind, hängt, sobald Sie einen Wohnsitz im Ausland haben, nicht mehr von deutschem Recht ab, sondern von den Gesetzen Ihrer neuen Heimat. Eine Ausnahme hiervon bildet Ihre Abordnung ins Ausland durch einen deutschen Arbeitgeber, die nicht länger als zwölf Monate dauert in diesem Fall gilt für Sie deutsches Recht weiter.

Freiwillige Versicherung in der Deutschen Rentenversicherung

Freiwillige Einzahlungen

Grundsätzlich gilt: Als Deutscher können Sie ab dem sechzehnten Lebensjahr auch aus dem Ausland in die Deutsche Rentenversicherung freiwillig einzahlen, wenn Sie bereits in Deutschland mindestens einen Monat lang Einzahlungen getätigt haben. Auch eine zusätzliche Absicherung in einem anderen Land steht diesem Recht nicht entgegen.
Außerhalb der EU wird die Anrechnung von Rentenzeiten (wenn überhaupt möglich) sehr kompliziert, Sie sollten dazu unbedingt Kontakt mit der Deutschen Rentenversicherung (ehemals Bundesversicherungsanstalt für Angestellte BfA) aufnehmen.

Private Rentenversicherung

Dass Sie auch aus dem Ausland für eine private Rentenversicherung in der Bundesrepublik ansparen können und auch sollten, ist selbstverständlich.

Rentenberechnung bei Beschäftigungszeiten im Ausland

Grundsätzlich zahlt Ihnen jeder EU-Staat für die Jahre Rente, die Sie bei ihm gearbeitet haben. Eine „Gesamtrente“ gibt es nicht. Die zwischenstaatliche Berechnung entfällt nur, wenn die Auslandsbeschäftigungszeit nicht länger als ein Jahr dauerte („Abordnung“).
Achtung Ausnahme: Versicherungszeiten vor Ende des Zweiten Weltkrieges und Zeiten nach dem Fremdrentengesetz (etwa zwischen 1958 und 1975 in Ungarn) werden in der Regel nur bei einem Wohnsitz in Deutschland ausgezahlt.

Was gilt bei einer Beschäftigung außerhalb der EU?

Eine Gesamtrente gibt es nur hinsichtlich der Wartezeiten („Mindestversicherungszeiten"). Hier werden alle Ihre Beitragsjahre zusammengerechnet, egal in welchem Land Europas (oder einem Land, das ein Sozialversicherungsabkommen mit Deutschland unterhält) die Beiträge erbracht wurden.
Für die Rente ist es also enorm wichtig, ob Sie außerhalb der EU in einem Land arbeiten wollen, mit dem die Bundesrepublik ein solches Sozialversicherungsabkommen geschlossen hat. Denn nur in diesen Ländern besteht das Recht auf

- freiwillige Versicherung und
- Zusammenrechnung von Versicherungszeiten.

Sozialversicherungsabkommen

Grundsätzlich wird vereinbart, dass Deutsche in diesen Ländern versicherungsrechtlich wie eigene Staatsangehörige behandelt werden. Zu den Ländern außerhalb der EU, mit denen die Bundesrepublik ein Sozialversicherungsabkommen hat, gehören zurzeit:

- Australien
- Bosnien-Herzegowina
- Chile
- Israel
- Japan
- Kanada
- Kroatien
- Marokko
- Mazedonien
- Montenegro

- Serbien
- Südkorea
- Türkei
- Tunesien
- USA

Allerdings werden solche Versicherungszeiten zurzeit nur bilateral zwischen zwei Staaten mit einem Abkommen zusammengerechnet. Schwieriger wird es, wenn Sie in Ihrem Erwerbsleben Versicherungszeiten aus mehr als zwei Ländern zusammenrechnen lassen wollen. Sie werden zwar aus allen Ländern eine Rente erhalten, eine Zusammenrechnung der Wartezeiten ist aber nur von zwei Ländern möglich.

Nur ein Rentenantrag

Sie müssen den Rentenantrag übrigens nur einmal stellen, auch wenn Sie Rentenzahlungen aus mehreren Ländern erwarten – am besten in dem Land, in dem Sie wohnen.

Beitragserstattung

Bereits gezahlte Beiträge in die Deutsche Rentenversicherung können Sie erstattet bekommen, wenn

- Sie nicht länger der deutschen Versicherungspflicht unterliegen,
- Sie kein Recht auf freiwillige Versicherung haben,
- die Versicherungspflicht mindestens 24 Monate zurückliegt,
- Sie das 65. Lebensjahr vollendet haben und nicht die fünfjährige Wartezeit (Mindestversicherungszeit) erbracht haben.

Wer in einem anderen EU-Staat rentenversicherungspflichtig ist, hat kein Recht auf Erstattung seiner Beiträge in Deutschland.

Rentenzahlung ins Ausland

Die zweite große Frage zum Thema Auswandern und Rente betrifft die Zeit nach der Erwerbstätigkeit.

Ich habe in Deutschland (und in anderen Staaten) in die Rentenkasse eingezahlt, im Ruhestand möchte ich aber nicht in Deutschland wohnen, sondern im Ausland, vielleicht im sonnigen Süden. Geht das überhaupt und welche Auswirkungen hat das auf meine Rente? Es geht. Etwa 200.000 Deutsche beziehen ihre Rente im Ausland! Ganz allgemein gesprochen hängt die Rentenzahlung im Ausland zumindest teilweise von der geplanten oder tatsächlichen Verweildauer ab. Halten Sie sich etwa nur für begrenzte Zeit im Ausland auf, so wird die Rente einfach weitergezahlt – überwintern auf Mallorca etwa ist für deutsche Rentner kein Problem! Dabei gilt, dass „der Lebensmittelpunkt“ weiterhin in Deutschland bleiben muss.

Kriterium „Lebensmittelpunkt“

In Fällen eines längeren Aufenthaltes spricht der Fachmann von sogenannten „Auslandsrenten“. Erwerbsminderungsrenten etwa werden grundsätzlich nicht ohne Einschränkungen für Auswanderer gezahlt – meist werden sie aber weitergezahlt, wenn bereits Auszahlungen in Deutschland erfolgten. Das heißt aber nicht, dass für Auswanderer grundsätzlich keine Renten wegen verminderter Erwerbsfähigkeit gezahlt werden. Die Rente kommt zur Auszahlung, wenn sie sich allein aus dem Gesundheitszustand des Auswanderers begründen lässt, wenn also die Frage der Verfügbarkeit eines Arbeitsplatzes gar keine Rolle mehr spielt. Diese Regelung gilt jedoch nicht für einen Aufenthalt in einem anderen Mitgliedstaat der Europäischen Union sowie Staaten, die ein Sozialversicherungsabkommen mit der Bundesrepublik unterhalten

Ausländer, die nicht durch ein Sozialversicherungsabkommen mit Deutschen gleichgestellt sind, bekommen nur 70 Prozent der Rente ins Ausland überwiesen.

AN WEN WENDE ICH MICH NUN JE NACH AUSWANDERUNGSZIELLAND?

Australien:	Deutsche Rentenversicherung Oldenburg-Bremen, Huntestr. 11, 26135 Oldenburg, Tel.: 0441 927-0, Internet: www.deutsche-rentenversicherung-oldenburg-bremen.de
Belgien:	Deutsche Rentenversicherung Rheinland, Königsallee 71, 40215 Düsseldorf, Tel.: 0211 937-0, Internet: www.deutsche-rentenversicherung-rheinland.de
Bulgarien:	Deutsche Rentenversicherung Mitteldeutschland, Georg-Schumann-Str. 146, 04159 Leipzig, Tel.: 0341 550-55, Internet: www.deutsche-rentenversicherung-mitteldeutschland.de
Chile:	Deutsche Rentenversicherung Rheinland, s.o. (Belgien)
Dänemark	Deutsche Rentenversicherung Nord, Ziegelstr. 150, 23556 Lübeck, Tel.: 0451 485-0, Internet: www.deutsche-rentenversicherungnord.de
Estland:	Deutsche Rentenversicherung Nord, s.o. (Dänemark)
Finnland:	Deutsche Rentenversicherung Nord, s.o. (Dänemark)
Frankreich:	Deutsche Rentenversicherung Rheinland-Pfalz, Eichendorffstraße 4–6, 67346 Speyer, Tel.: 06232 17-0, Internet: www.deutsche-rentenversicherung-rlp.de
Griechenland:	Deutsche Rentenversicherung Baden-Württemberg, 70429 Stuttgart, Tel.: 0711 848-0, Internet: www.deutsche-rentenversicherung-bw.de
Großbritannien:	Deutsche Rentenversicherung Nord, s.o. (Dänemark)
Irland:	Deutsche Rentenversicherung Nord, s.o. (Dänemark)
Island.	Deutsche Rentenversicherung Westfalen, 48125 Münster, Tel.: 0251 238-0, Internet: www.deutsche-rentenversicherung-westfalen.de
Israel:	Deutsche Rentenversicherung Rheinland, s.o. (Belgien)
Italien:	Deutsche Rentenversicherung Schwaben, Dieselstr. 9, 86154, Augsburg, Tel.: 0821 500-0, Internet: www.deutsche-rentenversicherung-schwaben.de

Japan:	Deutsche Rentenversicherung Braunschweig-Hannover, Lange Weihe 2, 30880 Laatzen, Tel.: 0511 829-0, Internet: www.deutsche-rentenversicherung-braunschweig-hannover.de
Kanada:	Deutsche Rentenversicherung Nord, s.o. (Dänemark)
Kroatien:	Deutsche Rentenversicherung Bayern Süd, Am Alten Viehmarkt 2, 84028 Landshut, Tel.: 0871 81-0, Internet: www.deutsche-rentenversicherung-bayernsued.de
Lettland:	Deutsche Rentenversicherung Nord, s.o. (Dänemark)
Litauen:	Deutsche Rentenversicherung Nord, s.o. (Dänemark)
Luxemburg:	Deutsche Rentenversicherung Rheinland-Pfalz, s.o. (Frankreich)
Marokko:	Deutsche Rentenversicherung Schwaben, s.o. (Italien)
Niederlande:	Deutsche Rentenversicherung Westfalen, s.o. (Island)
Norwegen:	Deutsche Rentenversicherung Nord, s.o. (Dänemark)
Österreich:	Deutsche Rentenversicherung Bayern Süd, s.o. (Kroatien)
Polen:	Deutsche Rentenversicherung Berlin-Brandenburg, Bertha-von-Suttner-Str. 1, 15236 Frankfurt/Oder, Tel.: 0335 551-0, Internet: www.deutsche-rentenversicherung-berlin-brandenburg.de
Portugal:	Deutsche Rentenversicherung Nordbayern, Friedensstr. 12–14, 95444 Bayreuth, Tel.: 0921 607-0
Rumänien:	Deutsche Rentenversicherung Nordbayern, s.o. (Portugal)
Schweden:	Deutsche Rentenversicherung Nord, s.o. (Dänemark)
Schweiz:	Deutsche Rentenversicherung Baden-Württemberg, 70429 Stuttgart, Tel.: 0711 848-0, www.deutsche-rentenversicherung-bw.de
Serbien:	Deutsche Rentenversicherung Bayern Süd, s.o. (Kroatien)
Slowenien:	Deutsche Rentenversicherung Bayern Süd, s.o. (Kroatien)
Spanien:	Deutsche Rentenversicherung Rheinland, s.o. (Belgien)
Südkorea:	Deutsche Rentenversicherung Braunschweig-Hannover, s.o. (Japan)
Tschechien:	Deutsche Rentenversicherung Bayern Süd, s.o. (Kroatien)
Tunesien:	Deutsche Rentenversicherung Schwaben, s.o. (Italien)
Türkei:	Deutsche Rentenversicherung Nordbayern, s.o. (Portugal)
Ungarn:	Deutsche Rentenversicherung Mitteldeutschland, s.o. (Bulgarien)
USA:	Deutsche Rentenversicherung Nord, s.o. (Dänemark)

Oder als Zentralruf: 0800 1000 4800 (gebührenfrei)

Ihre Auslandsadresse, Ihre neue Bankverbindung und den voraussichtlichen Zeitpunkt der Rückkehr sollten Sie Ihrem Rentenversicherungsträger mitteilen. Nach geltendem Recht trägt der Auswanderer alle Kosten und Risiken einer Auslandsüberweisung der Rentenzahlung, also nicht der Rentenversicherungsträger! Falls Sie jemandem eine Vollmacht für Ihre Rentenangelegenheiten ausstellen, so muss diese amtlich beglaubigt sein.

INFO

Deutsche Rentenversicherung Bund, Ruhrstr. 2, 10709 Berlin, Postanschrift: 10704 Berlin, Tel.: 030 865-1, E-Mail: drv@drv-bund.de, Internet: www.deutsche-rentenversicherung-bund.de.

Riester-Rente

Riester-Rente ungeeignet

Eine „Riester-Rente" eignet sich nicht für Auswanderungswillige! Der Grund dafür ist, dass alle staatlichen Zuschüsse zu dieser freiwilligen Altersvorsorge zurückgezahlt werden müssen, wenn man Deutschland verlässt. Das gilt auch für den Sonderausgabenabzug bei der Steuererklärung.
Der Grund hierfür ist die sogenannte „nachgelagerte Besteuerung". Die Riester-Rente wird erst bei der Auszahlung besteuert. Da das im Ausland bislang nicht möglich ist, kommt es zur Rückzahlungspflicht.
Allerdings prüft die EU-Kommission zurzeit, ob dieses geltende deutsche Recht mit EU-Recht vereinbar ist.

KAPITEL 3

Richtig versichert im Ausland

Gerade beim Thema Versicherungen spielt es eine ganz entscheidende Rolle, ob Sie nur für eine zeitlich begrenzte, kurze Zeit ins Ausland übersiedeln (überwintern) oder ob Sie diesen Auslandsaufenthalt für eine deutlich längere Zeit planen oder gar nicht mehr an Heimkehr denken (auswandern).

Überwintern oder auswandern

Warum dieser Unterschied so wichtig ist, erklärt das einfache und doch ganz entscheidende Beispiel Krankenversicherung: Für alle, die gerne und viel reisen, gehört eine Auslandskrankenversicherung auf jeden Fall ins Gepäck. Sie übernimmt für wirklich wenig Geld (jährlich etwa 20 Euro pro Person) die Krankheitskosten während eines Auslandsurlaubes. Das ist insbesondere deshalb so wichtig, weil der Auslandskrankenschutz der gesetzlichen Krankenversicherung doch deutliche Lücken aufweist bzw. im außereuropäischen Ausland gar nicht vorhanden ist. Fazit: gut versichert mit wenig Aufwand.
Diese Versicherung hat aber immer eine zeitliche Begrenzung pro Auslandsaufenthalt – je nach Versicherer meist zwischen sechs Wochen und sechs Monaten. Für alle Überwinterer auf Mallorca also kein Problem. Ganz anders sieht es aber aus bei Auswanderern: Hier hilft die preiswerte Auslandskrankenversicherung als Zusatzversicherung zur gesetzlichen Krankenversicherung (GKV) eben nicht. Deshalb heißt die Auslandskrankenversicherung auch nur im Volksmund so, eigentlich heißt sie Auslandsreise-Krankenversicherung!
Also worauf müssen Überwinterer und Auswande-

rer beim Thema Versicherung achten, damit sie ausreichend, aber eben auch nicht überversichert sind?

Gesetzliche Sozialversicherung

Im Rahmen der gesetzlichen Sozialversicherung geht es in diesem Kapitel um folgende (Pflicht-)Versicherungen:

- Krankenversicherung
- Pflegeversicherung
- Unfallversicherung
- Rentenversicherung
- Arbeitslosenversicherung

Wohnsitzverlegung

Welches Versicherungsrecht gilt nun für den Langzeiturlauber, welches für den Auswanderer? Wer im Ausland Urlaub (bis zu einer gewissen gesetzlich nicht festgelegten Länge) macht und seinen Wohnsitz in Deutschland nicht aufgibt, der bleibt nach deutschem Recht versichert. Wer allerdings seinen Wohnsitz ins Ausland verlegt, für den gilt das Sozialversicherungsrecht des Staates, in dem er nun lebt. Ausnahmen von dieser Regel bilden:

- die Entsendung
- über- und zwischenstaatliches Sozialversicherungsrecht

Wird ein deutscher Arbeitnehmer von seinem Arbeitgeber (gleichgültig, ob dies eine deutsche Firma, ein ausländischer Konzern oder ein multinationales Unternehmen ist) ins Ausland geschickt, so bleibt die deutsche

Sozialversicherungspflicht bestehen, wenn man von einer „Ausstrahlung“ ausgehen kann. Für die Ausstrahlung gelten folgende Bedingungen:

Ausstrahlung

- Die Beschäftigung muss vor Antritt zeitlich begrenzt sein (der Vertragspassus „bis zum Renteneintritt“ ist nicht ausreichend, Gleiches gilt auch für einen unbefristeten Aufenthalt mit jederzeitigem Recht auf Beendigung des Auslandseinsatzes);
- der Arbeitnehmer muss aus einem in Deutschland bestehenden Beschäftigungsverhältnis ins Ausland entsandt worden sein;
- der Arbeitnehmer muss weiterhin von dem in Deutschland beheimateten Unternehmen bezahlt werden;
- das Unternehmen muss das Arbeitsentgelt steuerlich als Betriebsausgabe geltend machen.

Alle diese Voraussetzungen müssen gleichzeitig erfüllt sein! Wenn der Arbeitnehmer am selben Arbeitsplatz bleibt, aber nun für einen neuen Arbeitgeber die gleiche Beschäftigung weiterführt, so gilt der Auslandseinsatz sozialversicherungsrechtlich als beendet. Weitere Informationen dazu erhalten Sie bei der Deutschen Verbindungsstelle Krankenversicherung Ausland (DVKA) unter www.dvka.de.
Im Rahmen einer Entsendung in einen EWR-Staat (siehe unten) gilt also deutsches Sozialversicherungsrecht weiter – insbesondere der Anspruch auf

- Sachleistungen der Krankenversicherung inklusive Mutterschutz, Berufskrankheiten und Arbeitsunfälle,
- Leistungen für die Familienangehörigen,
- Arbeitslosengeld und
- Renten.

Bei Krankenversicherungsleistungen gelten die Regelungen des Arbeitslandes. Die Formulare sollten vor Auswanderung bei der Krankenkasse oder dem Sozialversicherungsträger angefordert werden und dann nach Einreise dem dortigen Sozialversicherungsträger überreicht werden.

Sozialversicherung innerhalb der EU

Sozialversicherungsabkommen oder nicht

Jeder ist in dem Staat sozialversicherungspflichtig, in dem er arbeitet, also nicht in dem Staat, dessen Nationalität er hat! (Ausnahme: Entsendung bis zwölf Monate) Grundsätzlich kann man sicher sagen: Sozialversicherungsrechtlich ist eine Beschäftigung innerhalb der EU (korrekterweise müsste man eigentlich sagen: innerhalb des Europäischen Wirtschaftsraumes EWR) deutlich einfacher und komfortabler als außerhalb der EU. Außerhalb der EU muss wiederum unterschieden werden, ob es sich um einen Staat mit einem Sozialversicherungsabkommen mit der Bundesrepublik handelt oder um einen Staat, mit dem die Bundesrepublik in Sachen Sozialversicherung nicht zusammenarbeitet. Hier wird es problematischer.

EWR-Abkommen

Innerhalb des EWR genießen alle Bürger die Gemeinschaftsbestimmungen zur sozialen Sicherheit, auch wenn sie als Ausländer in einem EWR-Land wohnhaft sind und gearbeitet haben. Dazu zählen

- Belgien
- Dänemark
- Deutschland
- Estland

- Finnland
- Frankreich
- Gibraltar
- Griechenland
- Großbritannien
- Irland
- Island
- Italien
- Lettland
- Liechtenstein
- Litauen
- Luxemburg
- Malta
- Niederlande
- Norwegen
- Österreich
- Polen
- Portugal
- Schweden
- Schweiz (in einigen Teilbereichen des Sozialrechtes)
- Slowakei
- Slowenien
- Spanien
- Tschechien
- Ungarn
- Zypern (griechischer Teil)

Ausnahmen gelten für

- Dänemark
- Island
- Liechtenstein
- Norwegen
- Schweiz

Grundsätzlich gelten diese Sozialversicherungsabkommen nicht nur für den Beschäftigten selbst, sondern auch für seine mitgereisten Familienangehörigen!

Familie mitversichert

Sozialversicherung außerhalb der EU (Doppelversicherungs-/Sozialversicherungsabkommen)

Sozialversicherungsabkommen

Für den sozialversicherungsrechtlichen Aspekt Ihrer Beschäftigung ist es entscheidend, ob Sie in einem Land, das ein Sozialversicherungsabkommen mit der Bundesrepublik unterhält, oder im „vertragslosen" Ausland arbeiten. Im letztgenannten Fall können Sie nämlich zur im jeweiligen Land geltenden Sozialversicherung herangezogen werden, ohne dass dies die Versicherungspflicht in Deutschland zwangsläufig ausschließt, sodass es zu Doppelversicherungen kommen kann.
Sozialversicherungsabkommen bestehen für:

- Australien
- Bosnien/Herzegowina
- Chile
- China (Entsendeabkommen!)
- Israel
- Japan
- Kanada
- Korea
- Kroatien
- Marokko
- Mazedonien
- Montenegro
- Serbien
- Türkei
- Tunesien
- USA

Gesetzliche Krankenversicherung (GKV)

Freiwillige Versicherung

Wer in Deutschland innerhalb der GKV pflichtversichert ist, bleibt das auch weiterhin bei einer Entsendung ins Ausland! Das gilt aber nicht für Auswanderer! Personen, die auswandern, können sich grundsätzlich in der deutschen Krankenversicherung freiwillig weiterversichern. Ob das sinnvoll ist, sollten Sie mit Ihrer Krankenkasse besprechen. Eins aber vorweg: Sie haben im Ausland auch bei einer Weiterversicherung in Deutschland keinen Anspruch auf deutsche Leistungen. Sie werden also beispielsweise wegen eines Beinbruchs in Schweden nicht in ein deutsches Krankenhaus eingeflogen!

Private Krankenversicherung (PKV)

Grundsätzlich endet das Versicherungsverhältnis bei einer PKV mit dem Umzug ins Ausland! Ziehen Sie in einen EWR-Staat um, so haben Sie allerdings einen Anspruch gegenüber Ihrer PKV, sich weiterversichern zu dürfen. Die PKV hingegen hat das Recht, dafür einen Auslandszuschlag zu verlangen.

TIPP

Ärztliche Behandlungen in Amerika etwa können deutlich teurer sein als vergleichbare Leistungen im Inland. Klären Sie bei Ihrer PKV ab, ob sie alle Kosten übernimmt oder nur bis zu der vergleichbaren Höhe im Inland!

UND NOCH EIN TIPP

Selbst wenn Sie in Ihrer neuen Heimat versicherungspflichtig sind, sollten Sie nicht gleich Ihre deutsche PKV aufgeben. Kommen Sie (häufig auch ungeplant) doch wieder nach Deutschland zurück, wäre eine neue Versicherung auch bei Ihrem alten PKV-Versicherer deutlich teurer als vor dem Auslandsaufenthalt, weil das Eintrittsalter eine entscheidende Rolle für die Prämienhöhe spielt. Vereinbaren Sie in einem solchen Fall eine „Anwartschaft". Für ganz wenig Geld erhalten Sie sich den Anspruch, für die gleichen Konditionen wie beim Antritt des Auslandsaufenthaltes wieder in Ihre PKV einzutreten.

Pflegeversicherung

Die Beiträge zur deutschen Pflegeversicherung werden automatisch vom Gehalt oder der Rente abgebucht – das gilt auch für Auswanderer! Soweit die Beitragsseite.

Molenaar-Urteil

Mit Ausnahme des Pflegegeldes (so das „Molenaar-Urteil" des Europäischen Gerichtshofes aus dem Jahr 1998) können Leistungen aus der Pflegeversicherung nur Deutsche bekommen, die auch in Deutschland wohnen! Und selbst das Pflegegeld gibt's nur im europäischen Ausland.

Alle anderen Leistungen (Pflegeheime etc.) müssen Sie im Ausland selbst bezahlen.

Notwendige Versicherungen/Privathaftpflicht

Auch im Ausland kommt man ohne einen Mindestversicherungsschutz nicht aus. An allererster Stelle (und sie sollte eigentlich Pflicht sein!) steht die Privathaftpflicht, die für Schäden aufkommt, die man jemandem zufügt. Und wie schnell hat man mal jemanden mit dem Fahrrad umgefahren? Ein darauf folgender Krankenhausaufenthalt (unter Umständen sogar mit lebenslanger Rentenzahlung) würde jedermann finanziell ruinieren.

Privathaftpflicht ist Pflicht

So wichtig also die Privathaftpflicht für Überwinterer und Auswanderer ist, so kurz wird dieser Abschnitt sein: Denn Sie müssen Geltungsbereich (nur Deutschland, nur EU oder weltweit?) und Geltungsdauer (wie lange darf der Auslandsaufenthalt sein?) unbedingt mit Ihrem Versicherungsunternehmen selbst besprechen. Lassen Sie sich die Auskunft schriftlich geben oder schauen Sie in den allgemeinen Geschäftsbedingungen nach, es lohnt sich!

Zum Thema Kfz-Versicherung siehe Kapitel 5.

KAPITEL 4

Wohnen im Ausland

Es ist schlichtweg ein Traum: eine kuschelige Wohnung oder gar ein kleines Häuschen im sonnigen Süden oder ganz weit weg in fernen Ländern. Die eigene Auslandsimmobilie, die eigenen Möbel. Für viele ist es aber auch eine Notwendigkeit. Nach einer Versetzung ins Ausland muss eine Bleibe in der Nähe des neuen Arbeitsplatzes gefunden werden. Da gilt es aufzupassen – vieles ist ganz anders, als man es aus Deutschland gewohnt ist. Auch wenn die eklatanten Unterschiede zum deutschen Recht in den einzelnen Länderkapiteln besprochen werden, hier ein kurzer Überblick.

Notar

Mein deutsches Recht im Ausland

Im Ausland gilt ausländisches Recht! Das klingt simpel und doch wird es von deutschen Auswanderern häufig missachtet. Zu schnell denkt man automatisch, im Ausland sei vieles genauso selbstverständlich wie zwischen Garmisch und Flensburg. Dazu kommt, dass manch ein windiger Gesell sich genau diese Unterschiede zwischen deutschem und ausländischem Recht zunutze machen will, um Sie übers Ohr zu hauen.

So ist beispielsweise in Spanien der Gang zum Notar für die Eigentumsübertragung nicht zwingend notwendig. Ganz im Gegenteil: Schon ein unterschriebener Vorvertrag bindet beide Vertragsparteien. Ebenso ist es nicht immer sicher, dass derjenige, der Ihnen eine Immobilie verkaufen will, auch wirklich der Eigentümer

ist. Da kann ein gutgläubiger Auswanderer eine Immobilie gleich zweimal bezahlen müssen. Daraus folgt eine simple Regel: Beim Immobilienerwerb im Ausland muss ein Notar her, insbesondere wenn der Verkäufer davon abrät. Und: Kein Euro sollte gezahlt werden, bevor beim Notar eine Unterschrift geleistet wird.
Wer in der Heimatsprache des Verkäufers und des Notars nicht absolut sicher ist, für den gilt: Ohne Dolmetscher geht nichts!

Nebenkosten

Hohe Nebenkosten

In Deutschland gilt die Regel: Beim Hauskauf muss man zum Kaufpreis maximal zehn Prozent dazu addieren, zusammengesetzt aus den Maklergebühren (knapp sechs Prozent), Notargebühren (zwei Prozent) und den Gebühren für Grundbucheintrag und Grunderwerbssteuer. Auch das ist im Ausland oft anders. Beispiel Frankreich: Hier können sich die Nebenkosten beim Immobilienerwerb auf bis zu dreißig Prozent summieren!
Apropos Nebenkosten: Lassen Sie die Finger weg von allen Angeboten, bei denen von Ihnen Geld verlangt wird, ohne dass Sie dafür direkt Eigentum erwerben. Vermittlungsgebühren, Anzahlungen, Provisionen, Bearbeitungsgebühren – Finger weg!

Gutachten und Grundbucheintrag

Es ist schon etliche Male vorgekommen, dass Deutsche im Ausland nach folgendem Schema geprellt wurden: Ein vermeintlich serioser Verkäufer tritt gemeinsam mit einem vermeintlich seriösen Rechtsanwalt als Berater auf, ein Dolmetscher hat alles übersetzt, und doch war am Ende das ganze Geld futsch. Woran es lag? Die Immobilie gehörte gar nicht demjenigen, der sie verkaufen wollte. Da gibt es nur eins: Auch wenn nicht der Hauch eines Zweifels über die Eigentumsverhältnisse besteht, muss ein notariell beglaubigtes Gutachten her, denn im Ausland wird nicht immer jede Veränderung der Besitzverhältnisse direkt ins Grundbuch eingetragen, da kann man böse Überraschungen erleben.

Am besten mit Notar

Haben Sie die Immobilie erworben, so sollten Sie sich schnellstmöglich ins Grundbuch als Eigentümer eintragen lassen, auch wenn das Landesrecht das nicht zwingend vorschreibt. Das schützt Sie davor, dass der Voreigentümer die Immobilie ein zweites Mal verkauft und Sie sich über Besitzansprüche streiten müssen. Und es schützt Sie davor, dass der Voreigentümer eine Hypothek auf das Haus aufnimmt, das mittlerweile Ihnen gehört. Schlimmstenfalls müssen Sie sogar für fremde Schulden geradestehen.

Baustandards

Und last but not least. Wer im Ausland ein Haus selber bauen möchte oder von einem Bauträger kaufen will: Vorsicht! Nehmen Sie nichts als selbstverständlich gegeben. Nicht überall, wo eine Toilette installiert ist, muss es auch Abwasserkanalisation geben, nicht überall kommt aus jeder Steckdose auch Strom heraus und, und, und.

Erbschaft

Lagerecht

Stichwort: Lagerecht. Es gilt etwa in Großbritannien, in Belgien, Frankreich und auch in den USA. Was ist das? Das ist die juristische Umschreibung dafür, dass bei einer Erbschaft nicht deutsches Recht gilt, weil der Erblasser Deutscher war, sondern dass das Recht gilt, in dem die Immobilie liegt. Und das muss nicht unbedingt mit dem deutschen Recht identisch sein.

Ein paar Beispiele nur: Das französische Recht kennt keine gemeinschaftlichen Testamente; das in Deutschland neben dem notariellen übliche handschriftliche, eigenhändig unterschriebene Testament ist in Florida rechtsunwirksam.

TIPP

Das Testament betreffend Auslandsimmobilien sollte von einem Notar des jeweiligen Landes, in dem die Immobilie liegt, nach dem dort geltenden Recht und in der dort geltenden Landessprache abgefasst sein.

Steuer

Sie haben bereits eine Immobilie im Ausland, wohnen aber noch überwiegend in Deutschland. Da liegt der Gedanke nahe, dass die Immobilie sich auch außerhalb der zwei bis drei Monate, in denen Sie sie bewohnen, rechnen soll. Also Vermietung. Doch da gehen die Steuerprobleme los. Ungeachtet im Ausland anfallender Grund- und Grunderwerbssteuern sind solche Mieteinkünfte in Deutschland zu versteuern. Verluste einer Auslandsimmobilie sind auf der anderen Seite nur mit Einnahmen aus Vermietung und Verpachtung zu verrechnen.

ACHTUNG

Die Finanzämter tauschen auch international Daten aus. Erst 2007 sind Tausende Deutsche aufgeflogen, die Mieteinnahmen ihrer spanischen Immobilien nicht versteuert haben. Das ist mehr als eine Bagatelle, wegen Steuerhinterziehung sind schon bis dahin unbescholtene Bürger inhaftiert worden!

Erbschafts- und Schenkungssteuer

Weitere Steuerproblematiken tauchen beim Vererben oder Verschenken auf: Trotz rechtsgültiger Schenkung verlangen manche Staaten vom Erben dennoch Schenkungs- bzw. Erbschaftssteuer, da kann es sogar zur doppelten Zahlung von Erbschaftssteuer kommen, im In- und im Ausland! Und das kann etwa in Spanien deutlich teurer werden als bei uns, weil dort auch für nahe Verwandte die Freibeträge bei der Schenkungs- und Erbschaftssteuer deutlich niedriger sind als bei uns. Üblich ist in anderen Ländern neben der Erbschaftssteuer auch eine Veräußerungsgewinnsteuer beim Verkauf (oder Erbe) einer Immobilie.

Timesharing

Ein ganz eigenes Thema ist Timesharing: das Miteigentum an einer meist großen Wohnanlage, das zu einem zeitweisen Nutzungsrecht an einer der Wohnungen führt. Die Idee ist sicher nicht schlecht. Warum soll ich mir eine Wohnung im Ausland ganz alleine kaufen, wenn ich sie doch nur ein paar Wochen pro Jahr bewohnen kann? Viel vernünftiger ist es da doch, weniger zu bezahlen und dafür auch nur ein paar Wochen pro Jahr die Immobilie selbst nutzen zu dürfen – den Rest des Jahres soll sie doch gewinnbringend vermietet werden. Dieses Ferienwohnrecht kann häufig sogar verkauft oder vererbt werden. So weit, so gut. Die Realität sieht aber oft anders aus.

Das Problem: Was in Deutschland im Teilzeit-Wohnrechte-Gesetz verankert ist, ist im Ausland oft rechtsfreie Materie.

Selten gilt europäisches Recht

Strenges deutsches bzw. europäisches Recht gilt aber erst bei längeren Vertragslaufzeiten. So ist zum Beispiel bei Verträgen mit einer Laufzeit von unter drei Jahren Vorsicht geboten, weil in solchen Fällen europäisches Recht nicht greift. Und überhaupt: Kaum ein Käufer kann kalkulieren, wie viel sein Wohnrecht im Verhältnis zu den unkalkulierbaren Nebenkosten wirklich wert ist – von Instandhaltungskosten einmal ganz abgesehen.

TIPP

Vor dem Haus- oder Wohnungskauf im Ausland sollte Rat bei Fachleuten gesucht werden. Eine gute erste Adresse ist die Deutsche Schutzvereinigung für Auslandsimmobilien e.V. (Tel.: 0761/55012 oder im Internet: www.dsa-ev.de)

Ein paar weitere Tipps:

- Schauen Sie sich Ihr(e) Traumwohnung/-haus (zusammen mit einem Immobilienexperten) genau an, verlassen Sie sich nie auf Prospekte.
- Finger weg von Schwarzbauten ohne Baugenehmigung!
- Lassen Sie sich Zeit.
- Lassen Sie sich von verschiedenen unabhängigen Experten beraten.
- Verzichten Sie nie auf einen Notar, Grundbuchauszüge und -eintrag.
- Setzen Sie in keiner Hinsicht deutsche Maßstäbe voraus.
- Machen Sie sich schon vor Erwerb einer Immobilie mit dem Erbrecht des Landes vertraut.
- Klären Sie vor dem Erwerb alle Steuerfragen und unterschätzen Sie nicht die laufenden Kosten auch einer nur teilweise genutzten Immobilie im Ausland.

KAPITEL 5

Autofahren im Ausland

Fast jeder von uns ist im Ausland schon einmal Auto gefahren, meist mit einem Leihwagen auf Mallorca oder den Kanaren. Bekannt ist, dass es landestypische Höchstgeschwindigkeiten, Straßenbenutzungsgebühren und Vorschriften (Abblendlicht am Tag etc.) gibt. Das ist nicht schlimm, da kann man sich schnell kundig machen. Für Auswanderungswillige stellen sich aber andere Fragen:

- Darf ich mein eigenes Auto im Ausland fahren?
- Was gilt hinsichtlich Steuern und Versicherung?
- Was ist mit Zoll, TÜV und Automobilclub?

Das eigene Auto im Ausland

Das eigene Auto mitnehmen oder sich vor Ort einen Neuen bzw. neuen Gebrauchten zulegen? Eine der entscheidenden Fragen für Auswanderer. Dazu ein paar klare Antworten: Wenn die Landesgesetze es zulassen, dann sollten Sie Ihr eigenes Auto mitnehmen (von einer Verschiffung nach Australien einmal abgesehen). Das ist deutlich einfacher und meist auch viel preiswerter, weil die Kfz-Versicherung in Deutschland weiterlaufen kann und Sie eben auch für eine bestimmte Zeit mit deutschem Kennzeichen im Ausland fahren dürfen (bei Neuwagen ist die Frist oft deutlich kürzer!). Für diese Zeit unterliegen Sie der deutschen Kfz-Steuer. Bleiben Sie länger, lässt sich eine Ummeldung nicht vermeiden.

Vorteil eigenes Auto

Ausfuhr deutscher Autos

Deutsche Autos, die ausgeführt werden sollen, überführt man mit einem Ausfuhrkennzeichen (auch Exportkennzeichen genannt). Dieses ist weiß mit schwarzer Schrift und einem roten Längsbalken mit Ablaufdatum, erhältlich ist es in den Kfz-Zulassungsstellen. Für diese Fahrzeuge muss eine spezielle Haftpflichtversicherung abgeschlossen werden. Für maximal drei Monate zahlen Sie mit Ausfuhrkennzeichen keine Kfz-Steuer.

Steuern und Versicherung

Ab dem Tag der ersten Zulassung unterliegen Sie hinsichtlich Steuer und Versicherung dem Landesrecht Ihres neuen Wohnortes.

Andere Länder, anderes Recht

Meist ist wie in Deutschland nur die Haftpflichtversicherung (für Schäden an anderen Autos) Pflicht. Da aber im Ausland trotz Pflicht nicht alle Verkehrsteilnehmer ausreichend versichert sind, empfiehlt sich eine Vollkaskoversicherung. Versicherungen sind bei Anmeldung des Autos in Ihrem neuen Wohnland meist auch bei einem Unternehmen dieses Landes zwingend. Die deutsche Versicherung mit einem französischen Kennzeichen weiterlaufen zu lassen, das ist meist nicht möglich.
Andere Länder, andere Sitten. So wie bei uns über eine Verlagerung der Kfz-Steuer bei der Bemessungsgrundlage von Hubraum auf Abgase nachgedacht wird, so richtet sich die Steuer in anderen Ländern ebenfalls nach unterschiedlichen Bemessungsgrundlagen, in den Niederlanden etwa nach dem Gewicht.

Zoll, TÜV, Leasing und Automobilclub

Zoll oder Umzugsgut

Planen Sie, Ihr eigenes Auto mit ins Ausland zu nehmen, so sollte es kein Neuwagen sein. Ist Ihr Auto nämlich noch keine sechs Monate alt oder noch keine 6.000 Kilometer gelaufen, so wird bei der Einfuhr Zoll fällig (das kann in Norwegen etwa zu enormen Zöllen führen). Ansonsten dürfen Autos, die ausschließlich privaten Zwecken dienen, als Umzugsgut unverzollt eingeführt werden (dann allerdings nicht innerhalb einer bestimmten Frist ohne nachträgliche Verzollung verkauft werden).

Ab der Zulassung im neuen Heimatland unterliegen Sie auch in Sachen TÜV den dortigen Bestimmungen. Achtung: In den Niederlanden ist eine jährliche technische Untersuchung Pflicht!

Häufig passiert es, dass man nach einem längeren Auslandsaufenthalt nach Deutschland zurückkommt und die TÜV-Plakette ist abgelaufen. In solchen Fällen wird zugunsten einer gebührenfreien Mängelanzeige von einem sonst üblichen Verwarn- oder Bußgeld abgesehen. Grundsätzlich gilt aber: Wird ein Auto wieder nach Deutschland eingeführt, muss ein neuer TÜV-Stempel her. Ausländische technische Prüfungen ersetzen den deutschen TÜV nicht!

Ausfuhr von geleasten Fahrzeugen

Stichwort Leasingfahrzeuge: Kontaktieren Sie auf jeden Fall Ihr Leasingunternehmen vor Ausfuhr eines solchen Fahrzeuges. Meist ist das nur möglich, wenn das Leasingunternehmen auch in Ihrem neuen Heimatland Filialen unterhält!

Viele Europäische Länder kennen Automobilclubs, die dem deutschen ADAC vergleichbar sind (in Spanien etwa RACE oder RACC). Machen Sie sich kundig, welche Leistungen diese Clubs im Abschleppfall bieten.

Führerschein

Auch hier hat fast jedes Land seine eigene Regelung. Meist können Sie mit Ihrem deutschen Führerschein im Ausland unbeschränkt fahren. In manchen Ländern kommen Sie um einen internationalen Führerschein, den Sie sich in Deutschland ausstellen lassen können, nicht drumherum. Aber alle Regeln haben Ausnahmen: Wandern Sie etwa in die Schweiz aus, so verliert Ihr deutscher Führerschein nach einem Jahr seine Gültigkeit. Haben Sie bis dahin keinen Schweizer Führerschein beim Straßenverkehrsamt des Kantons beantragt, so müssen Sie sogar eine Fahrprüfung nach Schweizer Recht absolvieren! Noch eine Ausnahme: In den Niederlanden sind Führerscheine (wie bei uns Personalausweise) nur zehn Jahre gültig. Haben Sie Ihren deutschen Führerschein länger als zehn Jahre, so müssen Sie ihn gegen einen neuen, niederländischen eintauschen.

Ausnahme Schweiz und Niederlande

In Deutschland ist der Erwerb eines Führerscheins eine kostspielige Angelegenheit. Da mache ich ihn doch gleich vor Ort (besonders wenn ich ihn in Deutschland verloren habe, die medizinisch-psychologische Untersuchung ist ja ganz schön teuer). Das geht nicht, sagt der deutsche Gesetzgeber. Sechs Monate muss man schon in einem anderen Land wohnen, bevor man dort den Führerschein machen darf und ihn dann in Deutschland wieder nutzen kann. Ausnahme: Wer während eines Studienaufenthaltes in einem EU-Land einen Führerschein macht, obwohl er in Deutschland gemeldet bleibt, der darf den ausländischen Führerschein nach der Rückkehr auch in Deutschland nutzen bzw. übertragen lassen. Näheres dazu finden Sie in der Verordnung über den internationalen Kraftverkehr (IntKfzVO).

MPU

KAPITEL 6

Frankreich

„Leben wie Gott in Frankreich“ – das sagt schon alles. Ein Land, in dem Genuss großgeschrieben wird, in dem Ausländer den Eindruck haben, es werde täglich länger gespeist als gearbeitet. Kurzum: der Traum vieler Auswanderer. Viele zieht es (wenn sie nicht mehr arbeiten müssen) in den Süden des Landes, die Provence. Die anderen, die arbeiten müssen, zieht es meist nach Paris, noch immer der Mittelpunkt für gute Jobs in diesem zentralistischen Staat. Ein wenig seltener als Ziel favorisiert, aber weitaus exotischer sind die Überseedepartments des Landes, um mit Guadeloupe, Martinique (beide in der Karibik), Französisch Guayana (Südamerika) und La Réunion (Indischer Ozean) nur die bekanntesten zu nennen. Der große Vorteil aller Überseedepartments: Durch die Ankoppelung an das Mutterland Frankreich ist auch hier in der Karibik und in der Südsee der Euro gesetzliches Zahlungsmittel.

Euro in der Südsee

Nicht zu vergessen außerhalb des französischen Festlandes ist Korsika.

Die französischen Teile der Antarktis sind bei deutschen Auswanderern (und nicht nur bei denen) nicht so beliebt.

Klima

An Klima gibt es auf französischem Boden alles, was man sich wünscht. Über arktische Kälte soll hier zwar nicht gesprochen werden, aber mit subtropischem (Neukaledonien), tropischem (Martinique, Guadeloupe, Französisch Guayana und La Réunion) und mediterranem Klima (Korsika) ist auf den Inseln fast alles möglich. Auf dem Festland unterscheidet man im Westen (von Bordeaux bis Brest) atlantisches Klima, im Osten (Straßburg bis Lyon) kontinentales und im Süden (Marseille bis Nizza) mediterranes Klima. Gerade hier lässt es sich klimatisch prima leben.

Prima Klima

Bevölkerung und Sprache

Die etwa 150.000 Deutschen in Frankreich mischen sich unter etwas über 60 Millionen Franzosen. Klammert man die kreolischen Dialekte der Inseln aus, so kommt man überall mit Französisch durch, wobei Dialekte wie Bretonisch, Flämisch, Katalanisch und Korsisch sich zum Teil ebenso weit von der Muttersprache entfernt haben wie das Niederbayerische vom Hochdeutschen. Knapp Dreiviertel der Franzosen sind römisch-katholisch, die nächst größere Konfession stellen Muslime mit fünf Millionen Gläubigen.

Sprache und Religion

Die Regierungsform ist eine parlamentarische Präsidialdemokratie mit zwei Kammern, bei der der Staatspräsident deutlich mehr politische Rechte hat als unser Bundespräsident.

Landeswährung ist wie bereits angedeutet (auch in den Überseedepartments) der Euro.

Einreise

Für die Einreise benötigen Deutsche nur ihren Personalausweis oder ihren Reisepass, Kinder einen Kinderausweis. Ein Visum ist grundsätzlich nicht erforderlich!

(Ausnahme: ein Aufenthalt von über drei Monaten oder eine Erwerbstätigkeit in den Überseedepartements)

Impfung

Impfungen sind nicht vorgeschrieben, allerdings dürfen Kinder nur eine Schule besuchen, wenn Impfungen gegen Tetanus, Diphtherie, Tuberkulose und Polio nachgewiesen werden können.

Eine Aufenthaltserlaubnis *(carte de séjour)* ist seit 2004 nicht mehr erforderlich, allerdings hilft sie immer noch bei Behördengängen, wie bei der Beantragung von Familienbeihilfen etc., weiter. Sie wird in der Regel auch für Ihre Familienangehörigen ausgestellt und besitzt fünf Jahre Gültigkeit.

HINWEIS

Die Adresse zur Anmeldung in Paris: 93, Avenue Parmentier, F-75011 Paris.

Auch eine Arbeitserlaubnis müssen EU-Angehörige, wie wir Deutsche es nun einmal sind, nicht beantragen.

Arbeit

Grundsätzlich hat jeder Deutsche das Recht, in Frankreich zu leben und zu arbeiten (auch selbstständig), sofern er seinen Lebensunterhalt auch für seine mitgereisten Familienangehörigen verdienen kann. Allerdings muss er etwa bei geschützten Berufen (Notar etc.) seine Kenntnisse nachweisen.

In Bezug auf den Arbeitsvertrag gibt es keine wesentlichen Unterschiede zum deutschen Recht – Zeitverträge dürfen nur bei kurzfristig hohem Arbeitsaufkommen abgeschlossen werden, allerdings haben kleinere Unternehmen (bis 20 Mitarbeiter) das Recht auf Abschluss ei-

nes *„contrat nouvelle embauche“*, der ihnen das Recht gibt, Mitarbeiter innerhalb von zwei Jahren ohne Angabe von Gründen zu entlassen. Ansonsten beträgt die gesetzliche Kündigungsfrist für Neulinge einen Monat, ab zwei Jahren Betriebszugehörigkeit zwei Monate.
Die Arbeitslosigkeit liegt in Frankreich bei etwa neun Prozent, die Jugendarbeitslosigkeit ist besonders hoch. Die besten Chancen haben (wie bei uns) Pflegeberufe, Gastronomieberufe und Dienstleister.

HINWEIS

Für die Stellensuche ist die französische Arbeitsverwaltung erste Adresse, im Netz erreichbar unter www.anpe.fr, und für Führungskräfte www.apec.fr. Weitere wichtige Jobbörsen sind:

- www.jobs-in-the-alps.com (Saisonarbeiten)
- www.cadreemploi.fr (Akademiker)
- www.go4constructionjobs.com (Baugewerbe)
- www.jobtransport.com (Logistik)

Daneben sind selbstverständlich die Stellenanzeigen in den großen französischen Tageszeitungen wie Le Monde und Le Figaro zu beachten.

Zu den Themen Rente und Sozialversicherung siehe die Kapitel 1 bis 3. Unterschiede gibt es beim Rentenalter (in Frankreich für Frauen und Männer 60 Jahre) und bei der Entlohnung: Frankreich kennt einen branchenübergreifenden Mindestlohn.
Große Unterschiede bestehen in der Krankenversicherung. Der französische Krankenversicherungsschutz kennt deutlich höhere Zuzahlungen als wir (bis zu 30 Prozent für Arzthonorare, bis zu zwei Drittel bei Medikamenten).

Die Beiträge zur Kranken- und Rentenversicherung werden nicht wie bei uns hälftig zwischen Arbeitgeber und Arbeitnehmer aufgeteilt. Die Arbeitnehmerbeiträge zur Krankenversicherung sind deutlich günstiger als bei uns (Achtung: Zuzahlung); bei der Rentenversicherung zahlt der Arbeitgeber etwa mehr als der Arbeitnehmer, insgesamt ca. 15 Prozent bis zur Beitragsbemessungsgrenze *(plafond de la securité sociale).*
Wer sechs Monate in die Arbeitslosenversicherung einbezahlt hat, hat Anspruch auf Arbeitslosengeld. Wer in den letzten drei Monaten weniger als 200 Stunden gearbeitet hat, bekommt erst ab dem elften Krankheitstag Verdienstausfall, alle anderen natürlich von Anfang an.

Gute Kinderbetreuung

Besser als in Deutschland ist die Kinderbetreuung! Ab dem dritten Lebensjahr kommt jedes Kind kostenlos in eine Ganztagsvorschule *(école maternelle).* Allerdings gibt es in Frankreich auch erst für das zweite Kind Kindergeld (Kindergeldkasse am Wohnort *„caisse d`allocations familiales“*).

Steuern

Achtung: Steuererklärung

Wer in Frankreich arbeitet (Ausnahme: Entsendung), ist in Frankreich steuerpflichtig. Im Unterschied zu Deutschland führt hier nicht der Arbeitgeber Steuern ab, sondern muss die Steuererklärung im Januar fürs Vorjahr abgegeben werden; Steuern werden dann nachentrichtet, notfalls auch in Raten.
Deutschland unterhält mit Frankreich ein sogenanntes Doppelbesteuerungsabkommen. Wer in beiden Staaten Einkünfte hat, beispielsweise Mieteinnahmen in Deutschland und ein Arbeitseinkommen in Frankreich, wäre ohne Doppelbesteuerungsabkommen in bei-

den Ländern mit beiden Einkommenssteuerarten steuerpflichtig, er würde also folglich doppelt besteuert. Das schließt das Doppelbesteuerungsabkommen aus. Für Auswanderer bedeutet das, sie werden komplett in Frankreich besteuert, es sei denn:

- sie halten sich nicht länger als 183 Tage pro Jahr in Frankreich auf;
- ihr Lohn wird von einem Arbeitgeber bezahlt, der nicht in Frankreich ansässig ist.

Liegt einer der oben genannten Fälle vor, werden sie nur in Deutschland besteuert.

Autofahren

Autofahren teuer

Den größten Unterschied beim Autofahren wird der Deutsche in Frankreich am Geldbeutel feststellen: wegen den mautpflichtigen Autostrecken, die neben Norwegen zu den teuersten der Welt gehören.
Wollen Sie Ihr deutsches Auto ausschließlich zu privaten Zwecken nutzen, so dürfen Sie es nach Frankreich einführen, ohne es verzollen zu müssen. Ausnahmen existieren bezüglich der Mehrwertsteuer bei Autos, die noch keine sechs Monate alt sind oder weniger als 6.000 Kilometer auf dem Tacho haben: Anstelle der ausländischen Mehrwertsteuer muss in diesen Fällen die französische Mehrwertsteuer entrichtet werden.

TIPP

Deutsche Finanzämter stellen eine Bescheinigung über bereits gezahlte Mehrwertsteuer aus!

Spätestens sechs Monate nachdem Sie Ihren Wohnsitz in Frankreich bezogen haben, müssen Sie Ihr Auto in Frankreich zulassen – dies geschieht bei der zuständigen Präfektur *(Service Cartes Grises)*. Mitzubringen sind:

Zulassung

- Fahrzeugbrief
- Fahrzeugschein
- Kaufvertrag
- Personalausweis oder Reisepass
- Miet- oder Kaufvertrag
- Finanzamtsbescheinigung über Mehrwertsteuerbefreiung bzw. -zahlung

Keine Kfz-Steuer

Und auch mal was Positives: In Frankreich wurde die Kfz-Steuer 2001 abgeschafft!
Solange Sie noch mit deutschem Kennzeichen fahren, benötigen Sie keine französische Kfz-Versicherung. Nach der Zulassung in Frankreich benötigen Sie allerdings diese *„assurance de responsabilité civile"* bei einem französischen Versicherungsunternehmen. Es empfiehlt sich die zusätzliche Absicherung des eigenen Fahrzeuges und eigener Personenschäden bei selbstverschuldeten Unfällen *(„assurance conducteur")*.

Wohnen

Auswanderer dürfen in Frankreich Immobilien jeder Art kaufen! Anders als in Deutschland zahlt in Frankreich der Verkäufer die Maklerprovision meist allein.

ACHTUNG

In Frankreich ist schon der sogenannte Vorvertrag rechtlich bindend, Sie sollten ihn vor einem Notar schließen lassen. Die geleistete Anzahlung von zehn Prozent gibt es bei einem Rücktritt vom Kauf in der Regel nicht zurück!

Finanzierung beim Notar

Wundern Sie sich nicht, wenn der französische Notar Ihnen ein Finanzierungsangebot unterbreitet, sein Arbeitsfeld reicht weit über das seiner deutschen Kollegen hinaus!

TIPP

Informationen (kostenfrei) aller Art zum Thema Wohnen gibt es bei der Association National pour l`information sur le logement.

Die Wohnungsmiete ist ein ganz eigenes Thema. Ist sie auf dem Land noch einigermaßen vergleichbar mit deutschen Großstädten, so sprengen Pariser Mietangebote alle deutsche Vorstellungskraft! Für kleine Wohnungen sind 30 Euro pro Quadratmeter Durchschnitt, wollen Sie den Eiffelturm aus dem Wohnzimmer sehen, so gibt es kaum Begrenzungen für den Preis nach oben.

Bildung und Ausbildung

INFO

Detaillierte Informationen über eine Ausbildung in Frankreich finden Sie unter www.ausbildunginternational.de, speziell für Handwerksberufe unter www.compagnons-du-devoir.com.

Um einen Berufsabschluss an einer berufsbildenden Schule zu erreichen, müssen Sie zwei Pflichtjahre auf dem *Collège* absolvieren. Vorbereitungsklassen bilden danach den Übergang zur Lehre *(apprentissage)*. Die Lehre ist wie bei uns zweigleisig in Schule und Unternehmen organisiert, nur der Abschluss ist differenzierter möglich:

- Lehrabschlusszeugnis (CAP)
- Berufsbildungszeugnis (BEP)
- Berufsorientiertes Abitur (BAC pro)

Für die Suche nach Praktika oder Ferienjobs in Frankreich bietet die Zentralstelle für Arbeitsvermittlung Kontakte im Internet an: www.europaserviceba.de. Studenten wenden sich an den Deutschen Akademischen Austauschdienst (www.daad.de).

Eliteunis

Das Studium in Frankreich findet (für Deutsche schwer zu unterscheiden) an Universitäten oder Hochschulen *(grandes écoles)* statt, Begriffe, die bei uns synonym verwendet werden. Die *grandes écoles* sind eine erheblich elitärere Veranstaltung, vergleichbar eher mit den amerikanischen Eliteuniversitäten. Die *grandes écoles* sind allerdings in der Zulassung beschränkt, bieten viel weniger Plätze und sind zum Teil sehr teuer. Bis auf jene Fächer mit Numerus clausus können sich Deutsche direkt bei französischen Hochschulen einschreiben. Offiziell ist kein Nachweis der Französischkenntnisse notwendig, allerdings dürfen (und machen) französische Hochschulen Sprachtests vor der Aufnahme der Studiengänge. Also erst Französisch lernen, dann einschreiben!

TIPP

Lassen Sie sich für ein, zwei Auslandssemester nicht in Deutschland exmatrikulieren. Erstens könnte Ihr deutscher Studienplatz verloren gehen, zum zweiten könnte es Probleme mit Ihrer Krankenversicherung geben.

INFO

Erste Anlaufstelle für Fragen rund um Ausbildung, Weiterbildung und Jobs in Frankreich ist die Auslandshotline der Bundesagentur für Arbeit: 0180 1003060 (3,9 Cent pro Minute), Mo–Fr 08.00–18.00 Uhr.

KAPITEL 7

Großbritannien

„Home, Empire, Foreign“ – der Slogan von Großbritanniens kolonialer Größe gilt nicht mehr. „Feucht und windig“ oder „Trinken, Tod und Steuern“ lauten stattdessen Vorschläge für ein Landes-Motto, die Leser der ehrwürdigen, weltweit angesehenen Londoner Tageszeitung „Times“ einreichten, als der britische Premier Brown vergeblich nach einem Sinnspruch für das einst mächtige Kolonialreich suchen ließ. Und zumindest dies zeichnet die Briten ganz bestimmt aus: Sie besitzen einen sehr eigenen, trockenen, oft bissigen Humor. Mehr noch: Briten können immer übers Wetter reden, ihre Küche hat einen miserablen Ruf, und sie halten ihren „Royals“ unverbrüchliche Treue.

Royal loyal – der Finanzplatz Europas

Gewiss, Adel verpflichtet, und die jahrhundertealte Klassengesellschaft, in der Herkunft mehr als alles andere zählt, wird mancherorts noch zelebriert. Aber Großbritannien hat sich besonders in den letzten beiden Jahrzehnten vor der Jahrtausendwende stark verändert. Land und Leute wurden von der damaligen „Eisernen (Regierungs)-Lady“ Margaret Thatcher einer wahren Reform-Rosskur unterzogen.

Heute läuft die Wirtschaft gut, London ist *der* Banken- und Finanzplatz in Europa. Und London, die Hauptstadt des Vereinigten Königreiches, zählt nicht nur zu den teuersten Orten in Europa. London ist mit über sieben Millionen Einwohnern die bevölkerungsreichste europäische City. Im Großraum London leben sogar fast 13 Millionen Menschen.

Kein Euro, aber dennoch teuro

Großbritannien ist im Vergleich zu anderen Staaten der Europäischen Union ein recht teures Pflaster. Die Lebenshaltungskosten sind hoch. In Großstädten ist es teurer, in ländlichen Regionen wie den Midlands oder im Norden preiswerter.

Großbritannien hat noch nicht den Euro eingeführt. Pfund Sterling (GBP) heißt die Währung. Das Wechselkursverhältnis zwischen Pfund Sterling und Euro beträgt etwa 1:1,25.

In Großbritannien leben fast 60 Millionen Menschen. Das Land ist eine konstitutionelle Monarchie. Das demokratische Parlament besteht aus zwei Kammern, dem sogenannten Oberhaus *(House of Lords)* und dem Unterhaus (*House of Commons*). Die Unterhaus-Abgeordneten bestimmen im eigentlichen Sinne die Geschicke des Landes, verabschieden Gesetze und kontrollieren die Regierung.

Staatsoberhaupt ist der König oder die Königin, derzeit Queen Elizabeth II. Regierungschef ist der Premierminister oder die Premierministerin.

Das Vereinigte Königreich besteht aus England, Schottland, Wales und Nordirland. Staatsbürger des Vereinigten Königreiches sind Briten.

Klima

Feucht und nebelig

Besonders regnerisch, mäßige Sommer, milde Winter und der berühmte Londoner Nebel – das kennzeichnet die klimatischen Verhältnisse. Der Atlantische Ozean ist für das Wetter auf der Insel maßgebend.

Bevölkerung und Sprache

Von den 60 Millionen Einwohnern stellen die Engländer fast 84 Prozent, die Schotten über acht Prozent, Waliser und Iren jeweils etwa drei Prozent.

Es gibt zwar keine offizielle Amtssprache, doch wird Englisch quasi wie eine Amtssprache angesehen. Die Schotten sprechen auch Schottisch, die Iren Irisch, aber nur in Wales sind Walisisch und Englisch gleichberechtigte offizielle Sprachen.

Englisch quasi Amtssprache

Um die fünf Millionen Einwohner gehören ethnischen Minderheiten an, die aus den früheren Kolonialgebieten (besonders aus Asien) auf die britische Insel eingewandert sind. Mit rund einer Million bilden die Inder die größte ethnische Minderheit in Großbritannien, gefolgt von den Pakistanern.

Die Mehrheit der Bevölkerung ist christlichen Glaubens. Fast die Hälfte der Christen gehören der anglikanischen Kirche an, etwa 20 Prozent sind Protestanten.

Einreise

Sie benötigen für die Einreise lediglich einen gültigen Personalausweis oder Reisepass. Kinder bis zum zehnten Lebensjahr können mit dem deutschen Kinderpass ohne Lichtbild einreisen, bis zum 16. Lebensjahr mit Lichtbild.

Ein besonderer Impfschutz wird nicht vorgeschrieben. Lediglich für Kinder und Jugendliche ist bei einem Langzeitaufenthalt eine Meningokokken-Impfung ratsam.

Impfung und Quarantäne

Beachten Sie die Quarantäneregelungen für Tiere. Sie können Haustiere nur dann ohne eine vorherige Quarantäne mitnehmen, wenn die Bedingungen des britischen *Pet Travel Scheme* erfüllt sind:

- Die Tiere müssen mit einem Mikrochip versehen sein.
- Die Tiere müssen gegen Tollwut geimpft sein.
- Für die Tiere muss eine aktuelle Blutuntersuchung vorliegen.
- Für die Tiere muss ein EU-Heimtierausweis vorhanden sein.
- Bei den Tieren muss eine Behandlung gegen Zecken und Bandwürmer durchgeführt worden sein.

Sind die Ergebnisse der Blutuntersuchung ohne krankhaften Befund, dürfen die Tiere erst nach einer Wartefrist von sechs Monaten einreisen. Katzen dürfen sich in einem Zeitraum von sechs Monaten vor der Einreise nicht außerhalb der EU aufgehalten haben.
Die Einfuhr von Waffen und Drogen ist verboten.

Keine Meldepflicht

In Großbritannien gibt es (noch) keine Meldepflicht. Dennoch ist es ratsam, bei einem längeren Aufenthalt eine Aufenthaltsgenehmigung (*residence permit*) zu beantragen. Eine Aufenthaltsgenehmigung müssen Sie etwa für bestimmte Finanzgeschäfte bei Banken vorlegen (wenn Sie etwa eine Hypothek oder einen Kredit aufnehmen wollen).

Arbeit

Ein Arbeitnehmer verdient in Großbritannien in der Woche im Durchschnitt 447 GBP (rund 581 Euro). Höchstverdiener sind dabei Mediziner mit etwa 1.038 GBP (ca. 1.687 Euro). Gutverdiener sind Fachkräfte in technischen Berufen mit rund 688 GBP (ca. 894 Euro).

Mindestlohn

In Großbritannien gibt es einen gesetzlichen Mindestlohn von umgerechnet etwa acht Euro. Bei Arbeitnehmern unter 22 Jahren ist er etwas geringer. Zum Teil deutlich weniger wird für Auszubildende gezahlt sowie für den Fall, dass ein Arbeitgeber geldwerte Leistungen gewährt, etwa eine Unterkunft anbietet. Nach Angaben der Zentralen Auslands- und Fachvermittlung der Bundesagentur für Arbeit betrugen 2007 die durchschnittlichen Verdienste bei einem Vollzeit-Job ohne Überstunden umgerechnet für

Durchschnittslöhne

• Führungskräfte	4.100 Euro
• Freie Berufe	4.000 Euro
• Techniker	3.050 Euro
• Verwaltung, Sekretariat	2.030 Euro
• Handwerker	2.355 Euro
• Anlagen- und Maschinenbediener	2.210 Euro
• Helfer	1.775 Euro
• Verkäufer, Kundenbetreuer	1.620 Euro

Im teuren London wird mehr verdient als anderswo auf der Insel. Um etwa zehn Prozent sind dort die Einkommen höher als im Landesdurchschnitt. Deutlich weniger Lohn wird in Wales, Nordirland sowie im Nordosten Großbritanniens gezahlt.
Der durchschnittliche Brutto-Jahresverdienst eines Arbeitnehmers liegt in Großbritannien mit umgerechnet rund 41.000 Euro höher als bei uns.
Üblicherweise werden in einer Woche 37,5 Stunden gearbeitet. Ein Arbeitgeber hat dafür Sorge zu tragen, dass ein Arbeitnehmer im Durchschnitt nicht mehr als 48 Stunden in der Woche arbeitet.
Einen Arbeitsvertrag gibt es häufig nicht. Ihr Arbeitgeber muss Ihnen allerdings innerhalb der ersten zwei

Bestätigung des Arbeitsverhältnisses

Monate Ihrer Beschäftigung ein sogenanntes *„statement“* übergeben, eine schriftliche Bestätigung über Ihr Arbeitsverhältnis.
Diese Bestätigung sollte nach Angaben der Bundesagentur für Arbeit enthalten:

- Name und Anschrift der Vertragspartner
- Art der auszuübenden Tätigkeit
- Höhe des Arbeitsentgeltes inklusive aller Zulagen
- Stellenbeschreibung und Arbeitszeit
- Laufzeit des Vertrages
- Kündigungsfristen und Termine
- Jahresurlaub
- Einzelheiten zu Rentenbeiträgen und Rentenleistungen
- Sondervereinbarungen

Kündigungsfristen

Die Kündigungsfristen betragen:

- eine Woche im ersten Jahr der Beschäftigung,
- eine zusätzliche Woche für jedes weitere Jahr der Beschäftigung bis
- maximal zwölf Wochen.

Es besteht ein gesetzlicher Anspruch auf Jahresurlaub von vier Wochen, Feiertage können verrechnet werden.

Sozialversicherung

Sozialversicherungsnummer

In Großbritannien gibt es wie bei uns ein staatliches System der Sozialversicherung. Der Arbeitnehmer erhält eine Sozialversicherungsnummer *(National Insurance Number),* über die sowohl Beitragszahlungen als auch Leistungsansprüche registriert werden.

Die Sozialversicherung umfasst:

- Arbeitslosigkeit,
- Krankheit und
- Alter.

Beiträge Sozialversicherung

Arbeitgeber und Arbeitnehmer teilen sich die Beiträge zur Sozialversicherung. Jeder Arbeitnehmer, der mehr als 100 GBP (ca. 130 Euro) pro Woche verdient, zahlt in der Regel elf Prozent seines wöchentlichen Bruttolohnes. Ab einem wöchentlichen Bruttolohn von 670 GBP (ca. 871 Euro) wird das Einkommen über diesen 670 GBP mit einem Prozent belastet. Der Arbeitgeber zahlt 12,8 Prozent des Bruttolohnes des Arbeitnehmers in die Sozialversicherung ein.
Auch Selbstständige zahlen – im Unterschied zu Deutschland – Sozialversicherungsbeiträge.
Das britische Gesundheitswesen ist staatlich und finanziert sich über Steuern. Krankenkassenbeiträge wie bei uns gibt es nicht.

National Health Service (NHS)

Der *National Health Service (NHS)* soll eine kostenlose medizinisch notwendige Versorgung sicherstellen. Der staatliche Gesundheitsdienst genießt allerdings keinen allzu guten Ruf. Sie sollten sich deshalb zusätzlich privat absichern.
Auch in Großbritannien stellt der Allgemein-Mediziner, in der Regel der Hausarzt, eine Art Lotse für die Behandlung dar. Sie sollten sich deshalb bei einem Allgemein-Mediziner in dem für Sie zuständigen örtlichen Gesundheitszentrum melden und registrieren lassen.
Sorgen Sie immer dafür, dass Sie auch als NHS-Patient behandelt werden. Da viele Ärzte in Großbritannien auch privat praktizieren, stellen Sie auch gerne gleich Rechnungen für Privatpatienten aus. Derartige Privat-

Liquidationen werden nicht vom NHS übernommen, die Behandlungskosten müssen Sie dann selbst tragen. Grundsätzlich zahlen Sie zu bei

- verordneten Medikamenten,
- Zahnbehandlungen,
- Sehtests und
- Brillen.

Arbeitslosenversicherung

Im Vereinigten Königreich gibt es zwei Arten von Arbeitslosenversicherung (*Job Seekers Allowance JSA*):

- Eine beitragsabhängige Arbeitslosenunterstützung erhalten Sie, wenn Sie zwei Jahre vor dem Steuerjahr, in dem Sie Arbeitslosenunterstützung beantragen, Beiträge in die Sozialversicherung eingezahlt haben. Maximal 26 Wochen stehen einem Arbeitslosen über 25 Jahren ein wöchentliches Arbeitslosengeld in Höhe von rund 58 GBP (75 Euro) zu.
- Eine einkommensabhängige Arbeitslosenunterstützung können Sie erhalten, wenn Sie keine Beiträge zur Sozialversicherung geleistet haben oder Geringverdiener sind.

Wenn Sie arbeitslos werden, müssen Sie sich bei einem für Sie zuständigen Jobcenter vor Ort melden. Ein sogenannter Kundenberater *(Client Adviser)* wird dann Ihren Antrag auf Arbeitslosengeld bearbeiten.

Rente

Eine staatliche Rente erhalten Sie, wenn Sie das staatliche Rentenalter ereicht haben. Für Männer liegt das Rentenalter bei 65 Jahren. Für Frauen, die vor 2010 das 60. Lebensjahr vollenden, liegt das Rentenalter bei 60 Jahren. Für alle anderen Frauen wird das Rentenalter zwischen 2010 und 2020 schrittweise auf 65 Jahre angehoben. Da auch in Großbritannien das Rentenniveau sinkt, sollten Sie sich in jedem Fall privat zusätzlich absichern.

INFO

Weitere Informationen zum britischen Rentensystem können Sie im Internet einholen unter www.thepensionservice.gov.uk und www.pensionguide.gov.uk.

Informieren Sie sich auch bei Ihrem Rentenversicherungsträger in Deutschland.

Steuern und Abgaben

Sie sind in Großbritannien mit Ihren weltweit erzielten Einkünften steuerpflichtig, wenn Sie

- sich 183 Tage oder länger während eines Steuerjahres im Land aufhalten,
- einen Aufenthalt von mindestens zwei Jahren planen,
- sich innerhalb von vier aufeinanderfolgenden Jahren in jedem Steuerjahr durchschnittlich 90 Tage in Großbritannien aufgehalten haben.

Drei Steuersätze

Die Einkommenssteuer ist in drei Steuersätze gestaffelt. Es gibt verschiedene Freibeträge; der durchschnittliche Freibetrag liegt etwa bei 5.225 GBP (ca. 6.792 Euro). Es gelten folgende Steuersätze:

- 10 Prozent bei einem Einkommen bis 2.230 GBP (ca. 2.899 Euro),
- 20 Prozent bei einem Einkommen von 2.231 GBP (ca. 2.900 Euro) bis 34.600 GBP (ca. 44.980 Euro),

- 40 Prozent ab einem Einkommen über 34.601 GBP (ca. 44.981 Euro).

Gemeinde-steuer

Es wird eine Gemeindesteuer *(Council Tax)* erhoben. Diese Steuer dient zur Finanzierung kommunaler Dienstleistungen wie etwa Müllabfuhr oder Polizei. Die Höhe richtet sich nach dem Verkehrswert der Immobilie, in der Sie wohnen, und nach der Anzahl der Bewohner.

INFO

Über die Gemeindesteuer Ihres geplanten Aufenthaltsortes können Sie sich im Internet unter www.voa.gov.uk/council tax/index.htm informieren.

Mehrwert-steuer

Die Mehrwertsteuer (VAT) beträgt in der Regel 17,5 Prozent.

Bildung und Ausbildung

Schul-gebühren

Die meisten Schulen in Großbritannien sind staatlich und verlangen keine Schulgebühren. Unabhängige private Schulen können Sie auch wählen. Diese stehen unter staatlicher Aufsicht und verlangen Schulgebühren. Die Schulgebühren können sich deutlich voneinander unterscheiden. Eine „Preisliste" finden Sie im Internet unter www.iscis.uk.net.
Lehr- und Lernmittel sind nicht kostenlos. Das Schuljahr startet jeweils im September und ist in drei oder sechs *„Terms"* aufgeteilt, die jeweils sieben oder dreizehn Wochen dauern.
Es gibt einen einheitlichen nationalen Lehrplan für England, Wales und Nordirland. In Schottland gibt es für

Schüler zwischen fünf und vierzehn Jahren ein schottisches Entwicklungsprogramm.

Schulsystem

Das Schulsystem gliedert sich in:

- eine Grundschule (*Primary School*) für das 1. bis 6. Schuljahr,
- eine weiterführende Schule (*Secondary School*) für das 7. bis 11. Schuljahr sowie
- eine Oberstufe (vergleichbar unserer gymnasialen Oberstufe) für das 12. bis 13. Schuljahr. Diese *Sixth Form Colleges* werden mit einer A-Level-Prüfung (unserem Abitur ähnlich) abgeschlossen.

Hochschulen

Die *A-Level-Prüfung* berechtigt zu einem Hochschulstudium. Deutsche Studenten haben übrigens Großbritannien als beliebtestes ausländisches Studienziel auserkoren.
Es gibt drei Arten von Hochschulen:

- eher wissenschaftsorientierte Universities und New Universities (die früher technisch, künstlerisch oder wirtschaftlich ausgerichtet waren),
- berufsbezogene Colleges und Institutes of Higher Education sowie die
- Open University (Fernuniversität), die größte Bildungseinrichtung des Landes.

INFO

Eingehend können Sie sich im Internet über Studiengänge und Studienabschlüsse informieren unter: www.educationuk.org, www.hero.ac.uk, www.studentuk.com und www.nusonline.co.uk.

Studiengebühren

In England verlangen Universities und Colleges grundsätzlich Studiengebühren. Je nach Studiengang können Sie

- bei einem Undergraduate-Studium mit bis zu 3.000 GBP (ca. 3.900 Euro) und
- bei einem Postgraduate-Studium mit bis zu 10.000 GBP (ca. 13.000 Euro)

Gebühren für ein Jahr rechnen.

Die Studiengebühren müssen Sie erst zurückzahlen, wenn Ihr Jahreseinkommen 15.000 GBP (ca. 19.500 Euro) übersteigt.

INFO

Weitere Informationen, auch zu Möglichkeiten einer finanziellen Unterstützung, finden Sie im Internet unter www.dfes.gov.uk.

Wohnen

Teures Wohnen

Die richtige Wohnung zu finden ist in Großbritannien ganz bestimmt nicht einfach. In den vergangenen Jahren sind die Preise gewaltig nach oben geklettert. Eine Standardwohnung, die vor gut zehn Jahren noch für rund 62.500 GBP (ca. 81.250 Euro) zu haben war, kostet heute fast dreimal so viel. Auch die Mietpreise haben kräftig zugelegt und sind in London extrem hoch.

Im Vergleich zu anderen EU-Staaten ist der britische Markt für Mietobjekte recht klein. Fast jeder Brite lebt in Wohneigentum. Sie können über Zeitungen, das Internet, Immobilienbüros oder aber auch über die Ge-

meindeverwaltung Angebote einholen. Schalten Sie einen Makler ein, kommen noch Maklergebühren hinzu.
Bei Mietverträgen wird in der Regel eine Kaution in der Höhe einer Monatsmiete verlangt. Während der Vertragslaufzeit darf der Mietzins nicht erhöht werden.
Planen Sie einen längeren Aufenthalt, sollten Sie den Kauf einer Immobilie prüfen. Das kann unterm Strich kostengünstiger sein als das Mieten.

Stempelsteuer auf Kauf

Beim Erwerb der Immobilie fällt eine sogenannte Stempelsteuer an. Sie hängt vom Verkehrswert der Immobilie ab und kann zwischen einem und vier Prozent des Verkehrswertes schwanken.
Sie können für die Finanzierung auch eine Hypothek aufnehmen. Das geht in Großbritannien einfacher als bei uns.

Maßeinheiten

Beachten Sie bitte, dass die Briten andere Längenmaße (und auch Hohlmaße sowie Gewichte) verwenden, als Sie es aus Deutschland gewohnt sind. Deshalb hier eine kleine Orientierungshilfe:

1 inch	=	2,54 cm
1 foot	=	30,48 cm
1 yard	=	91,44 cm
1 mile	=	1,6 km
1 pint	=	0,57 Liter
1 gallon	=	4,55 Liter
1 ounce (oz)	=	28,35 g
1 pound (lb)	=	450 g
1 stone	=	6,35 kg
1 ton	=	1.016 kg

Adapter

Denken Sie bitte auch daran, dass in Großbritannien die Steckdosen für Elektrogeräte dreipolig sind. Sie benötigen deshalb Adapter.

Auto

Linksverkehr

Das Wichtigste: Großbritannien fährt links. Und das ist für Sie auch schon die größte Fahrumstellung, mit der sie zurechtkommen müssen. Also, Sie fahren links und überholen rechts.
Sollten Sie Ihr Auto aus Deutschland mitnehmen, müssen Sie die Front-Scheinwerfer Ihres Fahrzeuges in der Mitte ein wenig mit Isolierband abkleben, da ansonsten bei Fahrten in Dunkelheit Blendgefahr besteht. Dafür gibt es im einschlägigen Fachhandel Schablonen.
Es herrscht Gurtpflicht, bei Alkohol gilt die 0,8-Promille-Grenze. Ein Verstoß gegen die Promille-Grenze bedeutet Führerscheinentzug und hohe Geldstrafen.
Folgende Höchstgeschwindigkeiten gelten:

- 30 mph (48km/h) innerhalb geschlossener Ortschaften,
- 60 mph (97 km/h) auf zweispurigen Landstraßen,
- 70 mph (113 km/h) auf vierspurigen Landstraßen und Autobahnen.

Sie können Ihr Auto zoll- und steuerfrei einführen, wenn Sie vor der Einfuhr

- seit mindestens sechs Monaten Eigentümer des Kfz sind und
- dieses Fahrzeug auch selbst nutzen.

Zulassung

Die für Ihren Wohnort zuständige Zollbehörde bescheinigt die dafür nötige Freistellung in einem Formular.
An Ihrem künftigen Wohnsitz müssen Sie Ihr Auto auch zulassen. Bei der zuständigen Zollbehörde erhalten Sie die entsprechenden Formulare für Zulassung und steu-

erliche Anmeldung Ihres Kraftfahrzeuges. Außerdem erhalten Sie einen Antrag auf technische Prüfung des Kfz.
Das Straßenverkehrsamt nimmt die technische Prüfung vor, inspiziert Ihr Gefährt und schickt Ihnen, wenn nichts zu beanstanden ist, eine Zulassungsbescheinigung.

Unterlagen

Der Zollbehörde sollten Sie folgende Unterlagen vorlegen:

- Fahrzeugbrief,
- Fahrzeugschein,
- Personalausweis/Reisepass und
- Kaufvertrag.

In Großbritannien wird eine Kfz-Steuer erhoben. Sie erhalten eine Steuerplakette, auf der die Zulassungsnummer und Gültigkeit (Zeitraum, für den Sie Steuern gezahlt haben) stehen.

Haftpflicht ist Pflicht

Eine Pkw-Haftpflichtversicherung ist Pflicht. Wie in Deutschland sollten Sie sich die Angebote mehrerer Versicherer einholen und vergleichen, bevor Sie sich für einen Anbieter entscheiden.

KAPITEL 8

Kanada

„Von Meer zu Meer“ – der Wahlspruch des zweitgrößten Landes unseres Planeten ist bezeichnend: eine riesige Fläche Natur (immer noch) fast pur. Zehn Millionen Quadratkilometer Weite, Wildnis, Weltstädte. Wahre Metropolen wie Montreal, Toronto oder Vancouver und attraktive Landschaften, vom Polarmeer über die Rocky Mountains bis hin zum Winnipegsee, mehr als zwei Dutzend wunderschöne Naturparks vom Atlantik bis zum Pazifik. Kanada, in Nordamerikas Norden, mit langer gemeinsamer Grenze zu den USA, ist ein Publikumsmagnet. Tausende Touristen genießen die Vielfalt.

Natur pur und Mega-Citys

Vom beinahe idyllischen Landleben, vor allem im Norden und Nord-Osten, bis hin zur Mega-City-Hektik im Westen und einem recht europäisch anmutenden, französisch geprägten Osten – das Leben in Kanada ist lebenswert. Weltspitze sogar, und von den Vereinten Nationen ausgezeichnet: Die UN verliehen Kanada siebenmal in Folge das Prädikat „höchste Lebensqualität“.

Höchste Lebensqualität

Kanada zählt zu den sieben größten Industrienationen der Welt, schafft aber nur rund zehn Prozent der Wirtschaftskraft des großen Bruders USA.

Seit jeher gilt Kanada als beliebtes Einwanderungsland. Im Schnitt kommen jedes Jahr so um die 90.000 Menschen nach Kanada, um dort zu arbeiten. Der Antrag auf Einwanderung wird allerdings nicht gerade zügig bearbeitet, so eineinhalb Jahre kann die Bearbeitung schon dauern.

Kanada ist reich an Land, Rohstoffen und Bodenschätzen (20 Prozent des weltweiten Nickelvorkommens, größte Erdöl-Reserve nach Saudi-Arabien und dem Irak), aber recht arm an Menschen. Die riesige Fläche ist dünn besiedelt, 3,2 Menschen kommen auf einen Quadratkilometer.

Sechs Zeitzonen

Kanada hat sechs Zeitzonen, ist eine parlamentarische Demokratie und gehört zum Britischen Empire. Das Staatsoberhaupt ist deshalb auch die britische Königin. Ottawa heißt die Hauptstadt von Kanada.
Die Landeswährung ist der Kanadische Dollar (CAD). Der Wechselkurs zwischen Euro und CAD beträgt etwa 1:1,5.

Klima

Heiße Sommer, kalte Winter

Von eiskaltem Polarklima im Yukonterritorium bis hin zu einem maritimen, niederschlagsreichen Klima rund um Vancouver bietet das Land unterschiedliche Klimazonen. Es dominieren lange, kalte Winter mit Minustemperaturen bis 35 Grad und kurze heiße Sommer mit Temperaturen bis 35 Grad, wobei etwa in Winnipeg im Januar schon mal -45 Grad gemessen werden können, im Juli 40 Grad. Vorwiegend kontinentales Klima gibt es in den Großstädten. Die Durchschnittstemperaturen betragen etwa in Montreal im Januar -10,9 Grad Celsius, im Juli 20,6 Grad.

Bevölkerung und Sprache

32,5 Millionen Einwohner wurden zuletzt gezählt. Fast zwei Drittel leben in den Provinzen Quebec und Ontario. Der Norden des Landes ist kaum besiedelt. Kanada

gilt als klassisches Einwanderungsland. Mehr als fünf Millionen Menschen geben an, nicht in Kanada geboren zu sein. Rund zehn Prozent der Bevölkerung stammt aus Europa, etwa 2,5 Prozent aus Asien. Nach den anglo- und frankophonen sind die deutschstämmigen Kanadier die drittgrößte Einwanderungsgruppe.
Die Hauptstadt Ottawa zählt rund eine Million Einwohner. Knapp zwei Drittel der Bevölkerung haben Englisch als Muttersprache, rund ein Viertel Französisch.

Zwei Amtssprachen

In Kanada gibt es zwei Amtssprachen: Englisch und Französisch. Die meisten frankophonen Kanadier leben in der größten Provinz des Landes, in Quebec.
Die Kanadier gehören überwiegend dem christlichen Glauben an. Über 45 Prozent sind Katholiken, gut 35 Prozent Protestanten.

Einreise

Reisepass notwendig

Sie benötigen einen gültigen Reisepass, um nach Kanada einreisen zu können. Bis zu sechs Monate dürfen Sie sich ohne Visum im Land aufhalten. In diesem Fall muss der Reisepass mindestens bis zur Rückreise innerhalb der sechs Monate gültig sein. Ein gültiger Kinderausweis oder Kinderpass wird von den kanadischen Behörden anerkannt. Ein Foto wird in jedem Fall verlangt. Kinder und Jugendliche unter 18 Jahren, die nur mit einem Elternteil, allein oder mit einem Dritten einreisen, müssen zusätzlich noch Kopien der Geburtsurkunde und eine Einverständniserklärung des nicht mit einreisenden Elternteils oder des Vormundes sowie beglaubigte Übersetzungen der Kopien vorlegen.

INFO

Vordrucke und weitergehende Informationen finden Sie im Internet bei der kanadischen Botschaft in Deutschland unter www.dfait-maeci.gc.ca-europa/germany/visa-minors-de.asp.

Bei der Einreise werden Sie von einem Beamten der Einwanderungsbehörde befragt. Sie haben ihm unter anderem nachzuweisen, dass Sie Ihren Aufenthalt (und jenen Ihrer mitreisenden Angehörigen) selbst finanzieren können und die Rückkehr nach Deutschland gesichert ist (etwa durch Rückflugtickets).
Für einen Aufenthalt,

Visum-Pflicht

- der länger als sechs Monate dauert,
- der keinen touristischen Zweck, sondern eine Arbeitsaufnahme oder ein Studium zum Zweck hat,

ist ein Visum erforderlich.

Grundsätzlich gibt es zwei Visa-Möglichkeiten – für

- einen befristeten Aufenthalt oder
- einen Daueraufenthalt.

Sie benötigen dafür folgende Dokumente und Unterlagen:

- einen gültigen Reisepass (für die Dauer des geplanten Aufenthaltes) mit noch mindestens einer freien Seite in der Rubrik „Sichtvermerk",
- einen Kinderpass mit Foto und mindestens einer freien Seite in der Rubrik „Sichtvermerk",
- zwei farbige Passfotos (je Antragsteller), die nicht älter als sechs Monate sein dürfen.

Die Kosten für ein Visum können je nach Art des Visums unterschiedlich ausfallen. Bei einem Antrag für einen Daueraufenthalt kommen etwa 550 CAD (ca. 365 Euro) auf Sie zu. Ferner müssen Sie alle Kosten für medizinische Untersuchungen, Beglaubigungen von Unterlagen und Dokumenten selbst tragen.
Eine befristete Arbeitserlaubnis kostet etwa 150 CAD (ca. 100 Euro).

Kfz-Einfuhr lohnt nicht

Die Einreise mit einem Pkw oder Wohnmobil im Rahmen einer Urlaubsreise ist zwar relativ einfach möglich, eine Einfuhr von Kraftfahrzeugen dagegen recht umständlich und aufwändig. Fahrzeuge, die nicht älter als 15 Jahre und nicht in den USA oder Kanada hergestellt worden sind, dürfen nur eingeführt werden, wenn sie strenge Importbestimmungen erfüllen. Sie müssen auf den nordamerikanischen Standard umgerüstet und deutlich schärferen Abgasnormen gerecht werden. Sie müssen Ihr Auto auch vorführen. Dazu kommen Steuern und Zoll. Kurzum, die Einfuhr ist teuer, lohnt nicht wirklich.
Ansonsten können Sie Ihr Umzugsgut, Ihre persönliche Habe, in der Regel ohne Auflagen einführen. Die Zollbehörden verlangen allerdings einen Nachweis, dass Sie Besitzer der Gegenstände sind (etwa Kaufbelege). Sinnvollerweise schließen Sie eine beglaubigte Übersetzung der Nachweise in Englisch oder Französisch an. Haben Sie Gegenstände geleast, verlangen die Behörden dafür Zoll.

Tier-Gesundheitsbescheinigung

Haustiere können Sie einführen, wenn diese älter als drei Monate sind und eine – ebenfalls auch übersetzte – Gesundheitsbescheinigung eines Tierarztes ausgestellt ist. Für die Tiere muss ein Impfschutz gegen Tollwut nachgewiesen werden, der nicht älter als drei Jahre ist.

Arbeit

Kanada pflegt zwar das Image eines einwanderungsfreundlichen Landes, doch machen es die Behörden Einwanderungswilligen nicht mehr ganz so leicht wie noch vor ein paar Jahren. Das hat damit zu tun, dass die Wirtschaft nicht mehr allzu üppig wächst und der Markt für qualifizierte Arbeitskräfte zu einem nicht unerheblichen Teil gesättigt ist.

HINWEIS

Alle Anträge und Unterlagen können Sie beim kanadischen Konsulat in Berlin einreichen. Die entsprechenden Formulare finden Sie im Internet auf der Homepage der kanadischen Botschaft unter www.kanada.de/ymp.

Unterlagen

Um in Kanada (sei es auch nur befristet) zu arbeiten, brauchen Sie in der Regel immer

- eine Aufenthaltserlaubnis,
- eine gültige Arbeitserlaubnis (*work permit/permis de travail*) und
- einen kanadischen Arbeitgeber, der Ihnen verbindlich eine Stelle anbietet. Der Arbeitgeber muss ferner eine amtliche Bestätigung der kanadischen Arbeitsbehörde Human Resources and Skills Development Canada (HRSDC) vorweisen, dass der für Sie vorgesehene Arbeitsplatz auch von einem Ausländer besetzt werden darf und sich dies nicht nachteilig auf den kanadischen Arbeitsmarkt auswirkt.

Für einen befristeten Arbeitsaufenthalt müssen Sie eine befristete Arbeitsgenehmigung beantragen, eine sogenannte *Temporary Work Permit* für qualifizierte Arbeitskräfte (*Skilled worker/travailleurs qualifiés*).

Folgende Unterlagen in beglaubigter Übersetzung (Englisch/Französisch) sollten Sie vorlegen:

- Lebenslauf,
- Zeugnisse Ihrer schulischen und beruflichen Ausbildung,
- Zeugnisse und Nachweise Ihrer bisherigen beruflichen Tätigkeit,
- Nachweise Ihrer Sprachkenntnisse in Englisch und/oder Französisch,
- deutsches polizeiliches Führungszeugnis (nicht älter als drei Monate zum Zeitpunkt der Antragstellung) sowie
- ein polizeiliches Führungszeugnis aus jedem Land, in dem Sie sich zuvor länger als sechs Monate aufgehalten haben.

Familienangehörige

Sie müssen zwar alle mit einreisenden Familienangehörigen in Ihrem Antrag aufführen. Dies ist wichtig für eine Aufenthaltsgenehmigung. Doch hat das keinerlei Auswirkungen auf eine Arbeitsgenehmigung für Ihre Angehörigen. Sie müssen gegebenenfalls eine eigenständige Arbeitserlaubnis beantragen.

Für Hochschulabsolventen, Studierende und junge Berufstätige gibt es über das sogenannte *Youth Mobility Program* besondere Regelungen für eine befristete Arbeitserlaubnis. 18- bis 35-Jährige können dann bis zu zwölf Monate im Rahmen von *Work and Travel* in Kanada arbeiten. Die übliche Arbeitsmarktprüfung entfällt, doch wird im Rahmen dieses Programms nur eine begrenzte Anzahl von Arbeitsgenehmigungen erteilt.

Bürgen

Ein Daueraufenthalt für Personen, die ohne einen Bürgen aufgrund ihrer eigenen Qualifikationen einwandern möchten, wird in Kanada nach einem Punktesystem be-

Punktesystem für Daueraufenthalt

wertet und genehmigt. Je höher die Punktezahl, desto besser sind die Chancen, eine Daueraufenthaltsgenehmigung für *Skilled Worker Class Immigration* zu erhalten. Positiv wirkt sich dabei auch aus, ob und wie lange Sie in der ersten Zeit nach der Einwanderung in der Lage sind, Ihren Lebensunterhalt mit vorhandenen eigenen finanziellen Mitteln zu bestreiten.
Die Anzahl der Punkte hängt unter anderem ab von

- der Qualität der Ausbildung,
- der beruflichen Qualifikation,
- den Sprachkenntnissen in Englisch und/oder Französisch,
- der persönlichen Eignung und
- dem Gesundheitszustand.

Einige Provinzen wie Quebec haben dafür eigenständige Regelungen und Anforderungen.

Besondere Regelungen gibt es auch für Unternehmen und Selbstständige. Sie können eine sogenannte *Business Class Immigration* erhalten, wenn sie einen wichtigen Beitrag zur kanadischen Wirtschaftskraft liefern und neue Arbeitsplätze schaffen.

Wenn Sie bereits Familienangehörige in Kanada haben, die eine Daueraufenthaltsgenehmigung besitzen, benötigen Sie keine möglichst hohe Punktebewertung. In diesem Fall können Sie auch einwandern, wenn einer Ihrer in Kanada lebenden Familienangehörigen für Sie bürgt und für Ihren Unterhalt aufkommt.

Arbeitsvertrag

In Kanada gibt es nicht überall einen schriftlichen Arbeitsvertrag. Sie sollten dennoch Wert auf einen schriftlichen Arbeitsvertrag legen, in dem möglichst exakt Arbeitszeit, Arbeitsentgelt, Urlaubsanspruch etc. geregelt sind. Von Provinz zu Provinz können unterschiedliche Bestimmungen gelten.

Im Allgemeinen gilt in Kanada die Fünf-Tage-Woche mit einer generellen Arbeitszeit bis zu 40 Stunden pro Woche.

Sie haben Anspruch auf zwei Wochen bezahlten Jahresurlaub, wenn Sie vor Urlaubsantrag bereits seit mindestens zwölf Monaten in Ihrem Job in dem Betrieb beschäftigt waren. Mit der Dauer (ab fünf Jahren) der Betriebszugehörigkeit können Sie eine weitere Woche Urlaub beanspruchen.

Stellt Ihnen der Arbeitgeber Unterkunft und Verpflegung zur Verfügung, werden die Kosten dafür vom Lohn abgezogen.

Kündigungsschutz

Sie haben in Kanada einen deutlich schwächeren Kündigungsschutz als in Deutschland. Die kanadischen Kündigungsfristen betragen in der Regel

- eine Woche, wenn Sie zwischen drei Monaten und zwei Jahren beschäftigt sind,
- zwei Wochen, wenn Sie zwischen zwei und fünf Jahren beschäftigt sind,
- vier Wochen, wenn Sie zwischen fünf und zehn Jahren beschäftigt sind und
- acht Wochen, wenn Sie mehr als zehn Jahre beschäftigt sind.

Fachkräftebedarf

Die Zentrale Auslands- und Fachvermittlung der Bundesagentur für Arbeit (ZAV) sieht derzeit für folgende Fachkräfte Bedarf auf dem kanadischen Arbeitsmarkt:

- Lkw- und Landmaschinenmechaniker,
- Forst- und Baumaschinenmechaniker,

- Kesseldruckschweißer,
- Tischler,
- Gas- und Wasserinstallateure,
- Zimmerleute,
- Dachdecker,
- Schlosser,
- Rohrleitungsbauer,
- Berufe in der Betonverarbeitung,
- Berufskraftfahrer.

INFO

Auf der Homepage der ZAV unter www.ba-auslandsvermittlung.de können Sie sich ausführlich über Job-Perspektiven in Kanada informieren. Dort finden Sie auch Hinweise und Informationen über Jobbörsen, die regelmäßig in Deutschland abgehalten werden.
Sie können auch selbst im Netz auf Jobsuche gehen. Hilfreich dabei sind unter anderem: www.canadajobs.com und www.working.canada.com.

Private Arbeitsvermittler

Schließlich haben Sie die Möglichkeit, einen privaten Arbeitsvermittler einzuschalten. Sie sollten darauf achten, dass Ihr privater Vermittler auch als Einwanderungsberater registriert ist. Die kanadische Botschaft in Berlin kann Ihnen bei der Suche nach einem Berater behilflich sein.

Sozialversicherung

Die soziale Absicherung in Kanada ist deutlich schlechter als in Deutschland. So gibt es zwar ein staatliches Gesundheitssystem *(Medicare)*, das in den meisten Provinzen über Steuern finanziert wird. Aber lediglich in Alberta und British Columbia müssen für die Krankenversicherung Beiträge entrichtet werden. Als Ausgleich gestalten sich dort dann die Steuersätze etwas niedriger.

Leistungen von Medicare

Medicare soll die Kosten für alle medizinischen Leistungen abdecken. In der Regel übernimmt *Medicare* in der sogenannten Grundversorgung

- die Behandlung durch Allgemein-Mediziner,
- die Behandlung durch Fachärzte,
- die Behandlung in Kliniken,
- die Notfallbehandlung beim Zahnarzt.

Zu den versicherten Krankenhausleistungen zählen nach einer Auflistung von German Healthcare unter anderem

- die stationäre Versorgung (wobei Patienten nur bei einer medizinischen Notwendigkeit in Ein- oder Zweibett-Zimmern untergebracht werden),
- die Versorgung mit der notwendigen Medikation,
- Hilfsmittel und diagnostische Methoden.

Krankenversicherungskarte

Sie erhalten eine Krankenversicherungskarte *(Health Card/Care Card)*, die Sie beim Arzt oder im Krankenhaus vorlegen. Der Hausarzt funktioniert als Lotse im Gesundheitssystem. Er überweist Sie bei Bedarf zur weiterführenden Behandlung an Fachärzte oder für eine stationäre Behandlung in eine Klinik. Sie sollten unbedingt versichert sein, denn es kann vorkommen, dass Sie ohne Versicherungsnachweis nicht behandelt werden.

HINWEIS

Beachten Sie, dass Ihnen Medicare nur Versicherungsschutz bieten kann, wenn Sie den „permanent residence status" haben, Ihr Antrag auf Einwanderung also bewilligt ist.

Sie sind mit *Medicare* nur lückenhaft krankenversichert. Bei Medikamenten und zahnärztlichen Behandlungen sind Sie Selbstzahler. Zwar besteht auch die Möglichkeit, dass Sie sich zusätzlich über Ihren Arbeitgeber krankenversichern. Doch nicht alle Arbeitgeber ermöglichen dies. Deshalb sollten Sie sich unbedingt privat zusätzlich absichern. Informieren Sie sich über die unterschiedlichen Angebote und schließen Sie in jedem Fall Zusatzversicherungen ab. Dies kann bei befristeten Aufenthalten auch eine deutsche Auslandskrankenversicherung sein.

Private Zusatzversicherung nötig

An weiteren Sozialleistungen gibt es in Kanada:

- Altersversorgung,
- Kindergeld,
- Arbeitslosenversicherung und
- Arbeitsunfallversicherung.

Wenn Sie einen Arbeitsplatz haben, werden Sie sozialversichert und erhalten eine Sozialversicherungsnummer (SIN).

Rente

Die Beiträge zur gesetzlichen Altersvorsorge übernehmen Arbeitgeber und Arbeitnehmer anteilig mit 4,95 Prozent vom Bruttolohn. Es besteht Beitragspflicht für Einkommen zwischen etwa 3.500 CAD (ca. 2.333 Euro) und 44.900 CAD (29.933 Euro).

Im Durchschnitt beträgt die monatliche Grundrente etwa 785 CAD (ca. 524 Euro). Voraussetzungen für den Bezug einer monatlichen Grundrente sind

- die Vollendung des 65. Lebensjahres,
- nach Vollendung des 18. Lebensjahres ein Mindestaufenthalt in Kanada von zehn Jahren,
- Wohnsitz in Kanada bei Renteneintritt.

Deutschland und Kanada haben ein Abkommen über Soziale Sicherheit geschlossen, das gewährleistet, dass Beitragszahlungen in die Rentenversicherung wechselseitig angerechnet werden.

Kanada zahlt Kindergeld. Ab einem Jahreseinkommen von 37.178 CAD (ca. 24.785 Euro) ist die Höhe vom Einkommen abhängig und kann von Provinz zu Provinz leicht variieren. Das Kindergeld ist steuerfrei. Über die aktuellen Leistungen können Sie sich im Internet unter www.canadabenefits.gc.ca informieren.

Steuern

In Kanada zahlen Sie Einkommenssteuer für Ihr Brutto-Einkommen. Dazu zählt in der Regel auch jenes Einkommen, das Sie weltweit erzielen. Nur wenn Sie nicht in Kanada ansässig sind, müssen Sie lediglich Ihr in Kanada erzieltes Einkommen versteuern.
Wie bei uns müssen Sie einmal im Jahr der Finanzbehörde eine Steuererklärung vorlegen. Für die Steuererklärung benötigen Sie Ihre Sozialversicherungsnummer (SIN).
Neben dem Bund erheben auch die einzelnen Provinzen Steuern und Abgaben auf Löhne und Gehälter. Damit finanzieren die Provinzen etwa das steuerfinanzierte Gesundheitswesen. Die Steuersätze können von Provinz zu Provinz unterschiedlich sein. Bei der Einkommenssteuer liegen die Steuersätze der Provinzen im Durchschnitt etwa halb so hoch wie die Steuersätze des Bundes.

Unterschiedliche Steuersätze

Die Bundessteuersätze der Einkommenssteuer betragen:

- 16 Prozent bis zu einem Einkommen von CAD 31.892 (ca. 21.262 Euro),
- 22 Prozent für Einkommen zwischen CAD 31.893 (ca. 21.263 Euro) und CAD 63.786 (ca. 42.524 Euro),
- 26 Prozent für Einkommen zwischen CAD 63.787 (ca. 42.525 Euro) und CAD 103.000 (ca. 68.667 Euro),
- 29 Prozent für Einkommen über CAD 103.001 (ca. 68.668 Euro).

INFO

Die *Canada Revenue Agency* informiert Sie umfassend über die aktuell gültigen Steuersätze. Klicken Sie im Internet die Homepage der Steuerbehörde unter www.cra-arc.gc.ca an.

Es gibt eine Grunderwerbsteuer mit unterschiedlichen Steuersätzen zwischen 0,5 und zwei Prozent des Kaufpreises für Immobilien oder Grundstücke. Die Höhe des Steuersatzes hängt vom Preis und der Nutzung des jeweiligen Grundstückes ab.
Als Besitzer eines Hauses oder einer Wohnung zahlen Sie eine Grundsteuer an die kommunale Verwaltung, die sich nach dem Verkehrswert der Immobilie bemisst. Die Steuersätze liegen zwischen 0,5 und 2,5 Prozent des Verkehrswertes.

Bildung und Ausbildung

In Kanada besteht Schulpflicht, die je nach Provinz entweder ab dem fünften oder sechsten Lebensjahr beginnt. Sie endet mit dem 16. oder 18. Lebensjahr. Das Schulsystem ist in Primar- und Sekundarschulen aufgeteilt. Der Unterricht ist jenem in den USA und Großbritannien ähnlich.

Deutsche Schule

Es gibt eine Deutsche Schule in Montreal, über die Sie sich eingehend im Internet unter www.avh.montreal.qc.ca informieren können.

In Kanada ist die Berufsausbildung nicht wie bei uns durch Gesetze einheitlich geregelt. Jede Provinz hat eigene Vorschriften hinsichtlich beruflicher Ausbildung wie der Anerkennung ausländischer Abschlüsse.

INFO

Sie können sich darüber näher bei der Auslandsvermittlung der Bundesagentur für Arbeit (ZAV) unter der Internet-Adresse www.ba-auslandsvermittlung.de informieren.

Wohnen

Die Lebenshaltungskosten in Kanada entsprechen etwa denen in Deutschland. In den Millionen-Metropolen ist das Leben teurer, in den ländlichen Regionen preiswerter. Dies trifft auch auf die Wohnkosten und Immobilienpreise zu. So können Miet- und Nebenkosten locker ein Drittel oder sogar die Hälfte eines Monatseinkommens ausmachen.

Hohe Miet- und Nebenkosten

In Mietverträgen wird in der Regel der Mietzins für einen Zeitraum von zwölf Monaten festgeschrieben, als Kaution werden vom Vermieter im Allgemeinen zwei Monatsmieten verlangt.

In Kanada dürfen Sie Haus oder Wohnung sowie Grund und Boden erwerben.

Auto

Da Sie keinerlei Zollvergünstigungen für die Einfuhr von Fahrzeugen erhalten, lohnt es sich in der Regel

nicht, Ihr Auto aus Deutschland nach Kanada einzuführen.
Sie können mit Ihrem deutschen Führerschein bis zu sechs Monate in Kanada Auto fahren. Danach müssen Sie Ihren Führerschein gegen einen kanadischen Führerschein umtauschen. Für die Dauer Ihres Aufenthaltes in Kanada wird der deutsche Führerschein von den Behörden einbehalten.

Führerschein umtauschen

Tauschen Sie Ihren deutschen Führerschein nach der Sechs-Monatsfrist um, kann von Ihnen verlangt werden, Teile einer Führerscheinprüfung abzulegen. Um eine derartige Prüfung zu umgehen, sollten Sie deshalb Ihren Führerschein innerhalb von sechs Monaten tauschen. Der Rückumtausch Ihrer Fahrerlaubnis wird nach Ihrer Rückkehr nach Deutschland von der zuständigen deutschen Führerscheinstelle vorgenommen.

In Kanada gelten folgende Tempolimits:

- 100 km/h auf Autobahnen,
- 50 km/h innerhalb von Ortschaften.

Haftpflicht

Sie sind verpflichtet, eine Haftpflichtversicherung für Ihr Fahrzeug abzuschließen. Des weiteren besteht Gurtpflicht. In vielen Provinzen muss auch Tagesfahrlicht eingeschaltet sein.

Strenge Kontrollen

Strenge herrscht nicht nur bei der Kontrolle der Geschwindigkeitsbegrenzungen. Auch wenn es um Alkohol geht, verstehen kanadische Polizisten keinen Spaß. Deshalb gilt: Nach Alkoholkonsum Hände weg vom Steuer!

KAPITEL 9

Niederlande

„Land unter!“ – für die ausgesprochen volksnahe parlamentarische Monarchie an der bundesdeutschen Nordwestgrenze bedeutet das überhaupt nichts Katastrophales. „Land unter!“ – für „Holländer“ ist das schlicht „business as usual“.

Lässt man die karibischen Eilande der niederländischen Antillen und Aruba einmal beiseite, dann liegt nahezu das halbe Territorium des Königreiches der Niederlande auf europäischem Festland, so um die 20.000 Quadratkilometer, unterhalb des Meeresspiegels. Nahe Rotterdam befindet sich die tiefste Stelle mit mehr als sechs Metern unter den Nordsee-Wellen.

Wahre Meister

Die Niederländer sind wahre Meister – nicht nur in der Malerei, in Sachen Toleranz, im Gewächshaus – und im Fußball, na ja, halt nur Meister der Vorrunde wie die UEFA-Euro 2008 belegt. „Kicken, kiffen, Käse: Holland – Unser putzigster Nachbar“, titelte das Magazin *stern* während der Fußball-EM. Doch die Holländer können auch anders. Wahre Meister sind sie ganz bestimmt in der pfiffigen Art und Weise, wie sie Jahr für Jahr der Nordsee Boden streitig machen und Land gewinnen. So haben sie in den letzten Jahrzehnten ihr Land um etwa 165.000 Hektar vergrößert.

In der Tat futuristisch muten etwa Ideen von Architekten an, die ganze Städte auf dem Wasser konzipieren, weil sie als Folge des Klimawandels in den nächsten Jahrzehnten mit einem dramatisch ansteigenden Meeresspiegel rechnen, der noch viel, viel mehr Land flutet.

Amsterdam ist Landeshauptstadt, Den Haag Regierungssitz.

Die Niederlande, die im Osten an Deutschland und im Süden an Belgien grenzen, sind ein beliebtes Urlaubsland.

Klima

Nordsee-Klima

Die klimatischen Verhältnisse sind so ähnlich wie jene im Nordwesten Deutschlands bis hin zum gesunden Reizklima der Nordsee. Dies gilt natürlich nicht auf den karibischen Inseln. Dort auf den niederländischen Antillen und Aruba herrscht tropisches Klima.

Bevölkerung und Sprache

Dicht besiedelt

Die Niederlande sind zwar ein kleines Land, zählen aber mit gut 16 Millionen Einwohnern, 400 pro Quadratkilometer, weltweit zu den am dichtesten besiedelten Regionen.
Der Westen des Landes mit den Großstädten Amsterdam, Haarlem, Leiden, Den Haag, Rotterdam und Utrecht weist die größte Bevölkerungsdichte auf. Hier gibt es auch die meisten Arbeitsplätze.
Jedes Jahr wächst die Bevölkerung um einen halben Prozentpunkt. Rund 700.000 ausländische Mitbürger leben in den Niederlanden. Davon kommen gut 200.000 aus Staaten der Europäischen Gemeinschaft. Die Türken bilden den größten Ausländeranteil in den Niederlanden.
Offizielle Landessprache ist Niederländisch, in der Provinz Nordfriesland wird auch Friesisch gesprochen. In den Niederlanden können Sie sich auch recht gut mit Englisch und Deutsch verständigen. Aber Vorsicht: Das Nervenkostüm der meisten Niederländer wird bis zur

Belastungsgrenze strapaziert, wenn Sie einfach davon ausgehen, dass Holländer wie selbstverständlich Deutsch verstehen und auch sprechen.
Rund 40 Prozent der Niederländer sind ohne Konfession. Knapp ein Drittel der Bevölkerung ist römisch-katholisch, über 20 Prozent gehören einer reformierten Kirche wie der Niederländisch-reformierten Kirche oder den Lutheranern an. Gut fünf Prozent sind muslimischen Glaubens.
Die Landeswährung ist wie in fast allen Staaten der Europäischen Union der Euro.

Einreise

Für die Einreise benötigen Deutsche wie in der Regel alle Staatsbürger der Europäischen Union lediglich einen gültigen Personalausweis oder Reisepass, Kinder unter 16 Jahren einen gültigen Kinderausweis. Besondere Impfungen werden nicht verlangt.
Ohne Aufenthaltsgenehmigung können Sie sich als Tourist aus einem Staat der EU sechs Monate lang in den Niederlanden aufhalten.

Mengenbegrenzung

Ihr Reise- und Umzugsgut dürfen Sie zoll- und steuerfrei einführen. Allerdings sollten Sie die Mengenbegrenzungen bei Tabakwaren und alkoholischen Getränken beachten. In der Regel sind dies für Personen ab 17 Jahren:

- bei Tabakwaren: 800 Zigaretten oder 400 Zigarillos oder 200 Zigarren oder ein Kilogramm Tabak;
- bei alkoholischen Getränken: 10 Liter Spirituosen oder 20 Liter sogenannter Zwischenerzeugnisse wie etwa Liköre oder 90 Liter Wein oder 110 Liter Bier.

Benzin und Diesel können Sie nur im Tank Ihres Kraftfahrzeuges und im Reservekanister zoll- und steuerfrei einführen.
Waffen, ausgenommen Jagdwaffen und deren Munition, sowie Drogen dürfen prinzipiell nicht eingeführt werden.
Für Haustiere wie Hunde oder Katzen ist ein sogenannter Heimtierpass erforderlich. Dieser Heimtierpass muss den Nachweis enthalten, dass das Tier ausreichend gegen Tollwut geimpft ist. Der Heimtierpass kann von einem in Deutschland niedergelassenen Tierarzt ausgestellt werden. Der Pass darf bei der Einreise nicht älter als zehn Tage sein.

Heimtierpass

Für die Einfuhr von Pflanzen aus Deutschland gibt es in der Regel keine Auflagen.

Arbeit

Sie können als EU-Bürger unmittelbar nach Ihrer Einreise eine Beschäftigung aufnehmen. Ohne eine besondere Genehmigung dürfen Sie dann bis zu einem halben Jahr in den Niederlanden arbeiten. Eine Aufenthaltserlaubnis *(verblijfsvergunning)* benötigen Sie nicht, sie kann aber hilfreich und nützlich sein.

Aufenthalts-erlaubnis hilfreich

So verlangt vielleicht Ihr künftiger Arbeitgeber vor Abschluss eines Arbeitsvertrages eine derartige Erlaubnis. Kreditinstitute und Banken können eine Kontoeröffnung von der Vorlage einer Aufenthaltsgenehmigung abhängig machen.
Eine Aufenthaltsgenehmigung zu bekommen ist in der Regel für Arbeitnehmer, Selbstständige oder Unternehmer kein Problem. Nach den gesetzlichen Bestimmungen der EU haben Sie einen Rechtsanspruch auf

Ausstellung einer Aufenthaltserlaubnis. Dies gilt auch für Familienangehörige und Lebenspartner. Leben Sie mit einem Partner in einer Lebensgemeinschaft, müssen Sie dies allerdings nachweisen. Einen solchen Nachweis der Partnerschaft kann etwa das für Sie in Deutschland zuständige Einwohnermeldeamt führen und damit bestätigen. Für EU-Bürger, die nicht erwerbstätig sind, für Studierende, Rentner oder Pensionäre, liegt es im Ermessen der niederländischen Einwanderungsbehörde, des örtlichen, für Ihren Wohnsitz zuständigen Bürgeramtes, eine Aufenthaltsgenehmigung zu erteilen.

Lebensgemeinschaft nachweisen

Ermessenssache

Unabdingbare Voraussetzung für die Ausstellung der Aufenthaltsgenehmigung ist aber in jedem Falle, dass Sie in der Lage sind, Ihren Aufenthalt in den Niederlanden selbst zu finanzieren und nicht auf staatliche Finanzhilfen angewiesen sind.

Die Niederlande haben wie fast alle Staaten der Europäischen Gemeinschaft das sogenannte Schengener Abkommen abgeschlossen, das die Freizügigkeit ohne Grenzkontrollen regelt. Deshalb sind Sie verpflichtet, innerhalb von acht Tagen nach Einreise in die Niederlande, sich bei der zuständigen Ausländerpolizei zu melden.

Eine Aufenthaltserlaubnis wird in der Regel für einen Zeitraum von fünf Jahren erteilt. Wenn Sie allerdings einen Arbeitsvertrag für einen Zeitraum von weniger als zwölf Monate abgeschlossen haben, wird die Dauer der Aufenthaltserlaubnis den zeitlichen Regelungen des Arbeitsvertrages angepasst.

In den Niederlanden herrscht Tariffreiheit, grundsätzlich können Arbeitgeber und Arbeitnehmer die Höhe der Entlohnung frei vereinbaren. Im Vergleich zu Deutschland sind in den Niederlanden die Löhne und Gehälter zwar niedriger, doch sind dafür auch Steuern und Abgaben niedriger als bei uns.

Lohnniveau

Es gibt regionale Unterschiede im Lohnniveau. So liegt etwa das Arbeitsentgelt in der Nordprovinz Friesland deutlich niedriger als etwa in den großstädtischen Ballungsräumen Rotterdam oder Amsterdam, wo die Löhne überdurchschnittlich hoch sind. So verweist etwa die Bundesagentur für Arbeit auf folgende Berechnungen des *Economic Research Institute*. Danach verdiente 2005 in den Niederlanden im Durchschnitt in einem Jahr brutto:

- ein Lkw-Fahrer mit zehnjähriger Berufspraxis 27.275 Euro,
- ein Bauarbeiter 20.754 Euro,
- ein Buchhalter 29.387 Euro,
- eine Verwaltungssekretärin mit 16-jähriger Berufserfahrung 35.827 Euro,
- ein regionaler Verkaufsleiter 33.453 Euro und
- ein Kraftfahrzeug-Ingenieur mit 22-jähriger Berufspraxis 50.209 Euro.

Mindestlohn

Wie in den meisten EU-Staaten gibt es auch in den Niederlanden einen gesetzlichen Mindestlohn. Arbeitnehmer, die mindestens 23 Jahre alt sind und einen Vollzeitjob ausüben, bekommen einen gesetzlichen Mindestlohn von 1.317 Euro brutto im Monat. Jüngeren Arbeitnehmern (15 bis 22 Jahre) werden zwischen 30 und 85 Prozent des Mindestlohnes gezahlt.

Arbeitnehmer in den Niederlanden haben auch Anspruch auf Urlaubsgeld. In der Regel sind das acht Prozent vom Bruttolohn eines Jahres.

In den Niederlanden gilt im Allgemeinen die 40-Stunden-Woche. In einem Zeitraum von 13 Wochen darf die durchschnittliche Wochenarbeitszeit bis zu 45 Stunden betragen.

Probezeit

Die Probezeit darf maximal auf zwei Monate festgesetzt werden. Bei befristeten Arbeitsverhältnissen von höchstens zwei Jahren gilt eine Probezeit von einem Monat. Die Probezeit muss schriftlich vereinbart sein. In diesem Zeitraum können Arbeitgeber und Arbeitnehmer das Arbeitsverhältnis fristlos kündigen. Beabsichtigt ein Arbeitgeber nach der Probezeit zu kündigen, muss er seine Kündigungsabsicht vom zuständigen Arbeitsamt prüfen und genehmigen lassen. Die Kündigungsfrist beträgt dann vier Wochen.

Ein Arbeitnehmer in den Niederlanden hat einen Urlaubsanspruch, der sich aus den Tagen errechnet, an denen pro Woche gearbeitet wird. Ein Arbeitstag pro Woche wird mit dem Faktor vier multipliziert. Bei einer Fünf-Tage-Woche ergibt sich so nach einem Jahr ein Urlaubsanspruch von 20 Tagen. Arbeitet ein Arbeitnehmer weniger als ein Jahr, bemisst sich sein Anspruch auf Urlaub anteilig.

Unternehmen mit mehr als 50 Mitarbeitern haben einen Betriebsrat. Bei arbeitsrechtlichen Fragen oder gar Streit können Sie sich entweder an den Betriebsrat oder aber, falls Sie Gewerkschaftsmitglied sind, an die Gewerkschaft wenden.

INFO

Informationen, Rat und Hilfe erhalten Sie bei der Auslandsvermittlung der Bundesagentur für Arbeit unter www.ba-auslandsvermittlung.de.

Gefragte Berufe

Nach Feststellungen der Bundesagentur haben folgende Berufsgruppen gute Aussichten auf dem niederländischen Arbeitsmarkt:

- Verwaltungsfachkräfte,
- Berater,
- medizinisches Personal und Pflegefachkräfte,
- Produktions- und Wartungspersonal,
- Baufachkräfte und
- Handwerker.

Sozialversicherung

Die Staaten der EU haben sich grundsätzlich auf Regelungen verständigt, die die Rechte der Bürger in den Bereichen der sozialen Sicherheit garantieren. Dies gilt für Leistungen der

- Krankenversicherung,
- Rentenversicherung,
- Arbeitslosenversicherung,
- Unfallversicherung sowie
- Unterstützung von Familien.

Krankenversicherung

Seit dem Jahre 2006 trennen die Niederlande nicht mehr zwischen gesetzlicher und privater Krankenversicherung. Das bedeutet, dass Versicherte ihren privaten Versicherungsanbieter selbst auswählen und diesen auch von Jahr zu Jahr wechseln können.
In einer allgemeinen Krankenversicherung werden medizinische Leistungen der Grundversorgung geregelt. Diese Basisversorgung ist für jeden Arbeitnehmer, Selbstständigen oder Unternehmer eine Pflichtversicherung. Ein Versicherter zahlt dafür eine jährliche feste Prämie von durchschnittlich 1.050 Euro. Ferner hat ein Arbeitnehmer zu diesem Basisbetrag einen vom Einkommen abhängigen Beitrag in Höhe von 6,5 Prozent seines Einkommens an das zuständige Finanz-

amt zu entrichten. Und zwar gilt dies für die ersten 30.000 Euro des Einkommens. Pro Jahr sind das höchstens 2.000 Euro. Arbeitnehmer müssen diesen Betrag vom Arbeitgeber gezahlt bekommen.
Selbstständige haben 4,4 Prozent ihres Einkommens an das Finanzamt abzuführen. Nicht erwerbstätige Ehegatten oder Lebenspartner müssen nur die Basisversorgung zahlen. Der an das Finanzamt zu entrichtende einkommensabhängige Beitrag fällt für diesen Personenkreis weg. Kinder unter 18 Jahren und ohne Einkommen sind beitragsfrei versichert.
Sie können bei der allgemeinen Pflichtversicherung der Grundversorgung einen Eigenanteil für die ersten 100 bis 500 Euro festlegen. Dann verringert sich ihre Prämie entsprechend. Erwachsene Versicherte erhalten eine Teilrückerstattung ihrer Prämie, wenn sie im Jahr weniger als 255 Euro für Versicherungsleistungen beanspruchen.
Grundsätzlich können Sie bei der Basisversorgung zwischen zwei Möglichkeiten der Abwicklung im Leistungsfall wählen. Zum einen entscheiden Sie sich für eine medizinische Versorgung mit festen Vertragsärzten und Vertragskliniken Ihres Versicherungsanbieters. In diesem Fall werden dann die Kosten direkt mit Ihrer Versicherung abgerechnet. Oder Sie können andererseits Ihren Arzt und Ihre Klinik frei wählen. Dann müssen Sie die Kosten der medizinischen Versorgung vorfinanzieren und die Rechnungen zwecks Erstattung bei Ihrer Versicherung einreichen.

Basisversorgung

Die Basisversorgung übernimmt unter anderem Kosten für

- hausärztliche, fachärztliche oder stationäre Behandlungen in einer Klinik,

- zahnärztliche Behandlungen für Personen unter 18 Jahren,
- Medikamente und
- Krankentransport.

Für bestimmte Behandlungen und Hilfsmittel wie etwa

- zahnärztliche Behandlungen für Personen über 18 Jahren,
- Brillen oder
- alternative Heilverfahren

können Zusatzversicherungen abgeschlossen werden. Bitte beachten Sie, dass die Kostenerstattung von Leistungen bei den Zusatzversicherungen unterschiedlich erfolgt. Sie sollten also in jedem Fall Angebote mehrerer Anbieter einholen und vergleichen, bevor Sie sich für eine Zusatzversicherung entscheiden.

Zusatzversicherung hilfreich

INFO

Ausführliche Informationen und Berechnungen auf Deutsch finden Sie im Internet beim niederländischen Finanzamt unter www.belastingdienst.nl und beim Ministerium für Gesundheit, Wohlfahrt und Sport unter www.minvws.nl.

Steuern

Wenn Sie auswandern und Ihren Wohnsitz in die Niederlande verlegen, dann unterliegen Sie in der Regel den niederländischen Steuer- und Sozialversicherungsgesetzen.
Sollten Sie allerdings weiterhin einen Wohnsitz in Deutschland und auch in Deutschland zu versteuernde

Einkünfte haben, gilt für Sie das sogenannte Doppelbesteuerungsabkommen, das Deutschland und die Niederlande abgeschlossen haben. Dieses Abkommen soll vermeiden, dass Ihr Einkommen und Vermögen in beiden Staaten, also doppelt, besteuert wird.
Sie unterliegen aber nur dann dem deutschen Steuerrecht, wenn

- Sie sich innerhalb eines Jahres nicht länger als 183 Tage in den Niederlanden aufhalten oder
- Sie Ihr Arbeitsentgelt von einem Arbeitgeber erhalten, der nicht in den Niederlanden ansässig ist.

Steuersätze

Die Lohn- und Einkommenssteuer wird in den Niederlanden mit einem vierstufigen, progressiven Steuersatz erhoben. Der Höchstsatz beträgt 52 Prozent und greift ab einem Brutto-Einkommen von 50.652 Euro.
Einkommenssteuer und Sozialbeiträge werden gemeinsam erhoben. Sie können allerdings steuermindernde Ausgaben geltend machen, wie beispielsweise

- Werbungskosten,
- Sozialversicherungsfreibeträge,
- einen Grundfreibetrag,
- Freibeträge für Hypothekenzinsen,
- außergewöhnliche Belastungen oder
- Unterhaltszahlungen.

Das niederländische Finanzministerium erläutert im Internet in deutscher Sprache das Steuersystem der Niederlande, das nachfolgend kurz dargestellt wird. Die Tabelle des Ministeriums zeigt die Progressionsstufen mit den dazugehörigen Steuersätzen 2007:

Progressionsstufe	Zu versteuerndes Einkommen aus Arbeit und Wohneigentum	Einkommenssteuersatz
1	Bis Euro 17.319	2,50%
2	Euro 17.319 bis Euro 31.122	10,25%
3	Euro 31.122 bis Euro 53.064	42,00%
4	Euro 53.064 und mehr	52,00%

Bei der Einkommenssteuer werden drei zu versteuernde Arten von Einkommen unterschieden, die in sogenannte Boxen eingeteilt sind.
Partner werden steuerlich weitgehend individuell veranschlagt und können zudem eine Reihe personengebundener Abzugsposten in Anspruch nehmen. Einige dieser Einkünfte und Abzugsposten können aber auch auf beide Partner verteilt werden.
Jeder Steuerpflichtige hat Anspruch auf eine allgemeine Ermäßigung der zu leistenden Steuern: die sogenannte allgemeine Abgabenermäßigung. Zusätzlich können weitere ergänzende Nachlässe und Freibeträge gewährt werden.
Alle Einwohner der Niederlande und alle ausländischen Steuerpflichtigen sind zur Angabe ihres weltweit bezogenen Einkommens in der Einkommenssteuererklärung verpflichtet.

Boxen-System

Verschiedene Einkünfte werden auf drei sogenannte Boxen verteilt:

- Box 1: zu versteuerndes Einkommen aus Arbeit und Wohneigentum
- Box 2: zu versteuerndes Einkommen aus wesentlichen Beteiligungen
- Box 3: zu versteuerndes Einkommen aus Spar- und Anlageaktivitäten

In der folgenden Übersicht des niederländischen Finanzministeriums werden die Einkünfte, Abzugsposten und Steuersätze der jeweiligen Boxen verdeutlicht.

Box 1 Zu versteuerndes Einkommen aus Arbeit und Wohneigentum	Box 2 Zu versteuerndes Einkommen aus wesentlichen Beteiligungen	Box 3 Zu versteuerndes Einkommen aus Spar- und Anlageaktivitäten
Lohn, Rente, Sozialleistungen, Ergebnis aus sonstigen Tätigkeiten, Geschäftsfahrzeuge, Gewinn aus Unternehmen, Wohneigentum, negative Ausgaben für Vorsorgeaufwendungen, negative personengebundene Abzüge, regelmäßig wiederkehrende Bezüge	Einkünfte aus Anteilen und Genussscheinen, die unter eine wesentliche Beteiligung fallen, Veräußerungsvorteil dieser Anteile und Genussscheine	Feste Rendite (4%) über Vermögenswerte (Vermögen abzgl. Verbindlichkeiten): Einkünfte aus Spar- und Anlageaktivitäten

Abzugsposten Box 1	Abzugsposten Box 2	Abzugsposten Box 3
Arbeitnehmerabzug, Abzug Hypothekenzinsen und sonstige Abzugsposten, Vorsorgeaufwendungen: Leibrenten- und sonstige Beiträge, verrechenbare Verluste aus Arbeit und Wohneigentum	Abzugsfähige Kosten, verrechenbare Verluste aus einer wesentlichen Beteiligung	Keine

Nicht an die Boxen gebundene Abzugsposten
Personengebundener Abzug

Steuersatz Box 1	Steuersatz Box 2	Steuersatz Box 3
Progressiv bis zu 52%	25%	30%

Sind Sie ein Arbeitnehmer mit besonderen Qualifikationen, die niederländische Arbeitnehmer entweder nicht oder nicht in ausreichendem Maße besitzen, so erhalten

Sie für einen bestimmten Zeitraum weitere Steuerermäßigungen. Diese Vergünstigungen müssen allerdings innerhalb der ersten zehn Jahre des Arbeitsverhältnisses beantragt werden. Als besonders qualifizierte ausländische Fachkraft können Sie von Ihrem Arbeitgeber steuerfreie Zuwendungen bis zu 35 Prozent des Arbeitseinkommens erhalten.

INFO

Ausführlich und umfassend informiert die Homepage des niederländischen Finanzministeriums – unter anderem mit Rechenbeispielen und Anleitungen für das Ausfüllen und Abgeben der Steuererklärung. Klicken Sie einfach auf: www.belastingdienst.nl>Privatpersonen.

Bildung und Ausbildung

Privatschulen dominieren

Schule ist in den Niederlanden zwar keine „Privatsache“, doch im Unterschied zur deutschen Schullandschaft dominieren in den Niederlanden die Privatschulen. Nur etwa ein Viertel aller Bildungseinrichtungen ist in staatlicher, kommunaler Trägerschaft. Wie bei uns gibt es dort auch eine allgemeine Schulpflicht (vom vollendeten fünften bis zum 16. Lebensjahr). Alle Schulen, auch die privaten, die den gesetzlichen Anforderungen entsprechen, erhalten aber eine Finanzierung von der öffentlichen Hand.

Das Schulsystem ist in einen acht Schuljahre umfassenden Primarbereich und einen weiterführenden Sekundarbereich gegliedert.

Das Bundesverwaltungsamt hat in seiner Broschüre *„Niederlande. Informationen für Auswanderer und Auslandstätige“* das niederländische Schulsystem über-

Schultypen

sichtlich dargestellt. Demnach unterteilt sich die Sekundarstufe in drei Schultypen, die gewählt werden können.
So gibt es einen

- berufsvorbereitenden Sekundarunterricht VMBO (*Voorbereidend Middelbaar Beroepsonderwijs*), der bis zu vier Schuljahre umfasst und für eine Berufsausbildung qualifiziert;
- allgemeinbildenden Sekundarunterricht der Oberstufe HAVO (*Hoger Algemeen Voortgezet Onderwijs*), der fünf Schuljahre umfasst und – wie das Fachabitur bei uns – für eine Fachhochschule qualifiziert;
- studienvorbereitenden Sekundarunterricht VWO (*Voorbereidend Wetenschappelijk Onderwijs*), der sechs Jahre dauert und – wie das Abitur bei uns – für die allgemeine Hochschulreife qualifiziert.

Keine Lernmittelfreiheit und Schuldgeld

Es herrscht keine Lernmittelfreiheit, und der Schulbesuch kostet für Kinder über 16 Jahren Geld. Dieses Schulgeld wird pro Schuljahr und Schulkind gezahlt und beträgt für das Schuljahr 2007/2008 etwa 870 Euro.
Es gibt auch eine Deutsche Internationale Schule mit Kindergarten und Vorschule in Den Haag. Wie in Deutschland können an der Deutschen Schule sowohl ein Haupt- oder Realschulabschluss abgelegt wie auch die allgemeine Hochschulreife (Abitur) erlangt werden. Der Schulbesuch kostet pro Monat und Schulkind in der Regel 500 Euro. Für Geschwister gibt es Ermäßigungen in Höhe von 30 Euro für das zweite Kind und 50 Euro ab dem dritten Kind. Ferner ist eine einmalige Gebühr bei Schuleintritt in Höhe von 115 Euro fällig. Für den Schulverein muss ein Jahresbeitrag von 12,50 Euro gezahlt werden.

Aus- und Weiterbildung wie auch die berufliche Bildung sind in den Niederlanden in Regionen aufgefächert und werden in regionalen Lernzentren (ROC) koordiniert. Alle Personen über 18 Jahren haben ein Recht auf Weiterbildung.

INFO

Informieren Sie sich im Internet über entsprechende Angebote: www.roc.nl, www.opleiding.net, www.opleidingoverzicht.nl.
Sie können sich aber auch bei der Bundesagentur für Arbeit, Zentrale Auslands- und Fachvermittlung (ZAV) umfassend informieren und beraten lassen. Die ZAV finden Sie im Internet unter www.ba-auslandsvermittlung.de. Das Info-Center der ZAV erreichen Sie übrigens auch telefonisch montags bis freitags in der Zeit von 8.00 bis 18.00 Uhr unter der Telefonnummer 0228 7131313. Sie können Ihre Fragen und Info-Wünsche aber auch per E-Mail an zav.auslandsvermittlung@arbeitsagentur.de richten.

In den deutsch-niederländischen Grenzregionen gibt es für Deutsche, die in den Niederlanden arbeiten wollen, eine Vielzahl an Beratungsstellen. Auf der Homepage der Zentralen Arbeitsvermittlung der Bundesagentur für Arbeit können Sie sich über diesen besonderen Service ebenso eingehender informieren wie unter www.eures.info.

Beliebtes Studienland

Deutsche studieren gern in den Niederlanden. Im Ranking der beliebtesten Staaten belegen die Niederlande Platz drei, hinter Großbritannien und den USA.
Es gibt drei Arten von Hochschulen:

- Universitäten (*Universiteiten*), die wie bei uns vor allem den klassischen wissenschaftlichen Nachwuchs ausbilden.
- HBO-Hochschulen (*Hoogescholen voor Hogere Beroepsonderwijs*), die wie die Fachhochschulen bei uns praxisorientierte Studiengänge anbieten.

- Institute für internationale Studien, die vor allem postgraduierte Studiengänge anbieten. Die Unterrichtssprache an diesen Instituten ist Englisch.

Schließlich gibt es auch eine Fernuniversität, die staatliche *Open Universiteit Nederland.*
Die Zulassungsbestimmungen für ein Studium sind denen in Deutschland ähnlich.

- Für ein Studium an einer Universität ist die allgemeine Hochschulreife erforderlich.
- Für ein Studium an einer HBO-Hochschule brauchen Sie die Fachhochschulreife.

Studienplätze werden entweder zentral vergeben über das *Centraal Bureau Aanmelding en Plaatsing der Informatie Beheer Groep (IGB)* oder über ein Auswahlverfahren einzelner Hochschulen.

Studiengebühren

Die Niederlande verlangen Studiengebühren. Sie betragen etwa 1.538 Euro pro Studienjahr. Diese können unter bestimmten Bedingungen auf Antrag teilweise erstattet werden. Doch seit dem Studienjahr 2007/2008 ist das System der Rückerstattung durch die Möglichkeit einer Kreditfinanzierung ersetzt worden. Ein Teil der Studiengebühren kann nun nur noch über ein Darlehen finanziert werden.

INFO

Nähere Informationen über ein Studium in den Niederlanden finden Sie unter www.studieren-in-holland.de, www.studyin.nl, www.niederlandeweb.de und www.igb-groep.nl.

Die Niederlande sind ein sehr kinderfreundliches Land mit recht guten Familienleistungen. Über die Hälfte der

Gute Kinderbetreuung

Mütter ist erwerbstätig, meist in Teilzeitjobs. Dementsprechend gut ausgebaut ist das Netz der Kinderbetreuung. So gibt es:

- Tages- und Halbtagesstätten für Kinder bis vier Jahren,
- außerschulische Betreuungseinrichtungen, in denen Schüler vor und nach dem Unterricht betreut werden, und
- Tagesmütter.

Die verschiedenen Betreuungseinrichtungen konkurrieren untereinander. Das wirkt sich günstig auf Preis und Qualität aus. Zwischen 0,20 Euro und sieben Euro sind pro Kind und Stunde zu zahlen, im Durchschnitt etwa 5,24 Euro.
Arbeitgeber sind verpflichtet, bis zu einem Sechstel der Betreuungskosten zu übernehmen, bis zu einem Drittel finanziert sie der Staat (wobei die Höhe der staatlichen Mitfinanzierung vom Einkommen abhängig ist).
Tagesmütter bekommen in der Regel drei bis vier Euro in der Stunde. Über besondere Vermittlungsbüros können Sie eine Tagesmutter organisieren. Rechnet man die dann fällige Vermittlungsgebühr hinzu, müssen Sie einen Stundensatz pro Kind von etwa fünf Euro kalkulieren. Auch für Tagesmütter sind staatliche Zuschüsse möglich.

INFO

Sie können sich darüber eingehender informieren unter www.gastouderservice.nl, www.gob-nederland.nl, www.mik-online.nl.

Kindergeld

Für Kinder bis 17 Jahren zahlt der Staat Kindergeld, das zwischen 60 und 116 Euro pro Kind variieren kann. Die

Höhe des Kindergeldes ist zum einen abhängig vom Geburtstermin und dem Alter des Kindes und zum anderen von der Anzahl der Kinder in einer Familie. Eltern müssen allerdings versichert sein, um Kindergeldleistungen zu erhalten.

Wohnen

Sie können ohne Auflagen oder Beschränkungen Immobilien erwerben und auch wieder veräußern. Die Preise sind – wie überall – marktabhängig und variieren je nach Region und Lage. In den Großstädten ist eine Immobilie in der Regel teurer als auf dem Land. Dort sind dann auch die Lebenshaltungskosten insgesamt deutlich höher und müssen den Vergleich mit München oder Hamburg nicht scheuen.

Autofahren

Selbst wenn Sie glauben, niederländisches Autofahren zur Genüge zu kennen – und dies mit dem Verweis auf die niederländischen Blechlawinen und Caravan-Kolonnen rechtfertigen, die sich alljährlich mit heftiger Regelmäßigkeit besonders zu Ferienzeiten auf bundesdeutschen Autobahnen ergehen –, Autofahren in den Niederlanden ist wirklich anders als in Deutschland. Und dafür sorgen nicht nur flächendeckende Tempo-Limits. Auch Benzin und Diesel sind – noch immer – erheblich teurer als bei uns.

Tempolimit flächendeckend

Zoll- und steuerfrei können Sie Ihr Auto in die Niederlande dann einführen, wenn Sie vor der Einfuhr

- seit mindestens sechs Monaten Eigentümer des Kfz sind und
- dieses Fahrzeug auch selbst nutzen.

Die für Ihren Wohnort zuständige Zollbehörde bescheinigt die dafür nötige Freistellung in einem Formular.

Zulassung

An Ihrem künftigen Wohnsitz müssen Sie Ihr Auto auch zulassen. Bei der zuständigen Zollbehörde erhalten Sie die entsprechenden Formulare für Zulassung und steuerliche Anmeldung Ihres Kraftfahrzeuges. Außerdem erhalten Sie einen Antrag auf technische Prüfung des Kfz. Das Straßenverkehrsamt nimmt die technische Prüfung vor, inspiziert Ihr Gefährt und schickt Ihnen, wenn nichts zu beanstanden ist, eine Zulassungsbescheinigung.
Der Zollbehörde sollten Sie vorlegen:

- Fahrzeugbrief,
- Fahrzeugschein,
- Personalausweis/Reisepass und
- Kaufvertrag.

In den Niederlanden wird eine Kfz-Steuer erhoben, die sich unter anderem am Gewicht Ihres Autos und der Kraftstoffart orientiert.

Haftpflicht

Eine Pkw-Haftpflichtversicherung ist Pflicht. Wie in Deutschland sollten Sie die Angebote mehrerer Versicherer einholen und vergleichen, bevor Sie sich für einen Anbieter entscheiden.

KAPITEL 10

Österreich

Eine Alpenrepublik mit schneebedeckten Bergen und sonnigen Tälern. So stellen sich die meisten Deutschen das südliche Nachbarland vor. Das stimmt zwar beim Urlaubmachen, die eigentliche Lebensader des Landes liegt aber rund um die Donau zwischen Linz und Wien.

Das Klima ist gerade in dieser östlichen Region dem deutschen sehr ähnlich. In den Gebirgsregionen sollte sich niemand von schneereichen, kalten Wintern überraschen lassen, aber das ist ja auch für viele Auswanderer in ländliche Alpenregionen einer der Hauptgründe für das Auswandern nach Österreich.

Keine Sprachbarriere

Österreich ist eines der wenigen Auswanderungsziele, in dem Deutsche nicht an einer Sprachbarriere scheitern, 92 Prozent der Österreicher sprechen Deutsch. Österreich hat etwa nur ein Zehntel so viel Einwohner wie Deutschland (ca. acht Millionen), die Hauptstadt Wien nennen rund anderthalb Millionen ihr Zuhause.

Etwa drei Viertel der Österreicher sind Katholiken; ohne Konfession – könnte man sagen – ist der Rest. Muslime und Protestanten stellen Anteile von nur jeweils etwa zwei Prozent der Bevölkerung.

Die Staats- und Regierungsform der Alpenrepublik ist der deutschen sehr ähnlich. Seit 2002 hat der Euro in Österreich den Schilling abgelöst. Für die Deviseneinfuhr (bei Anmeldung!) gibt es keine Beschränkungen. Dass vermögende Deutsche des strikten österreichischen Bankgeheimnisses wegen illegal ihre Millionen hierhin bringen (z. B. ins Kleinwalsertal), ist ein anderes Thema. Ein Satz nur hierzu, weil da auch viel Falsches behauptet wird: Zinseinkünfte sind auch in Österreich (in etwa gleicher Höhe wie in Deutschland) zu versteuern. Der Unterschied ist nur, dass österreichische Banken Vermögen und Zinseinkünfte von Deutschen nicht unseren Finanzämtern melden! (Das kann sich bei Firmeninsolvenzen und Scheidungen „rechnen", ist aber strafbar.)

Finanzplatz Österreich

Einreise

Bei der Einreise nach Österreich unterliegt der EU-Bürger keinen Beschränkungen. Benötigt werden nur Personalausweis, Reisepass bzw. Kinderausweis. Impfungen sind nicht vorgeschrieben.
Länger als drei Monate darf im Land verbleiben, wer

- eine Krankenversicherung besitzt,
- in Österreich arbeitet oder
- genügend Geld zur Verfügung hat, um den österreichischen Sozialsystemen nicht zur Last zu fallen.

Wer diese Voraussetzungen erfüllt, kann sich einen „EWR-Ausweis", eine Art Daueraufenthaltskarte, bei den Bundespolizeidirektionen ausstellen lassen. Geben Sie Ihren Wohnsitz in Deutschland auf, müssen Sie sich in Österreich melden!

Meldepflicht

Arbeit

Die Arbeitslosenquote Österreichs liegt seit Jahren leicht unter der bei uns. Deutsche benötigen in der Alpenrepublik zur Arbeitsaufnahme weder Beschäftigungsbewilligung, Arbeitserlaubnis noch Befreiungsschein (für Selbstständige).

Gesucht werden Saisonarbeitskräfte in der Gastronomie, überhaupt in allen Bereichen, die mit dem Tourismus zu tun haben. Höherqualifizierte Ingenieure sind wie bei uns auch gefragter als Geisteswissenschaftler, Gleiches gilt für Arbeitskräfte im Pflegebereich sowie gut ausgebildete Ingenieure und Programmierer.

Stellensuche

Die Stellensuche funktioniert in Österreich wie bei uns: über Arbeitsagenturen (die deutsche und die österreichische), das europäische Eures-Portal, die deutsche Handelskammer in Österreich und die großen Tageszeitungen sowie gewerbliche Jobvermittler.

INFO

Hier die Internetadressen: www.ba-auslandsvermittlung.de, www.ams.or.at, www.ec.europa.eu/eures, www.krone.at, www.derstandard.at, www.diepresse.at, www.job.at, www.jobs.at, www.job-direct.at.

Für viele Berufe in Österreich müssen Sie Ihre Befähigung nachweisen, für alle akademischen Berufe erfolgt dies bei der NARIC Austria des Bildungsministeriums (www.bmbwk.gv.at.). Sie haben Anspruch darauf, dass innerhalb von vier Monaten eine Entscheidung über Ihre Zulassung getroffen wird.

Selbstständig in Österreich

Jeder EU-Bürger hat das Recht, sich in Österreich als Selbstständiger niederzulassen, er muss sich nur bei der für ihn zuständigen Bezirkshauptmannschaft (Magistrat) anmelden. Von hier aus werden ohne neue Anträge die Verfahren auch an Sozialbehörden und Finanzämter weitergeleitet.

Arbeitsverhältnisse dürfen in Österreich mit einer Probezeit von einem Monat begonnen werden, auch Befristungen sind möglich. Wenn man länger als drei Monate in Österreich bleiben will, benötigt man eine zehn Jahre gültige Daueraufenthaltskarte.

Urlaubsanspruch

Arbeitnehmer haben einen gesetzlichen Urlaubsanspruch von dreißig Tagen. Arbeiten Sie länger als 25 Jahre, so haben sie 36 Arbeitstage Urlaubsanspruch, wobei die Samstage regelmäßig als Arbeitstage mitgezählt werden müssen!

Während man betriebliche Altersvorsorge in Österreich (noch) kaum kennt, sind die Regelungen zur Elternteilzeit gesetzlich verankert. Bei Betrieben mit mehr als zwanzig Mitarbeitern gibt es einen Anspruch auf Teilzeitbeschäftigung.

Kündigungsfristen

Die Kündigungsfristen sind je nach Beschäftigungsdauer gestaffelt:

Bis zu 2 Jahren	6 Wochen
Bis zu 5 Jahren	2 Monate
Bis zu 15 Jahren	3 Monate
Bis zu 25 Jahren	4 Monate
Darüber	5 Monate

Bei Kündigung durch den Arbeitgeber steht dem Arbeitnehmer eine Abfindung *(„Abfertigung")* zu, die Arbeitgeber in Höhe von 1,53 Prozent des Monatslohns in die Mitarbeitervorsorgekasse einzahlen. Sie kann allerdings auch als eine Art „Zusatzrente" bis zum Eintritt ins Rentenalter unangetastet bleiben, ungeachtet dessen, ob eine neue Beschäftigung begonnen wird!

Wer in den vergangenen zwei Jahren (Versicherungszeiten in Deutschland zählen mit!) mindestens zwölf Monate in die Arbeitslosenversicherung eingezahlt hat (für Jugendliche gelten andere Regelungen), der erhält Arbeitslosengeld – in der Regel etwas mehr als die Hälfte des letzten Nettoeinkommens. Es wird je nach Beschäftigungsdauer und Alter zwischen 20 Wochen und einem Jahr gezahlt.

Mindestlohn Einen gesetzlichen Mindestlohn gibt es in Österreich nicht, obwohl kein gesetzlicher Anspruch auf Weihnachts- und Urlaubsgelder besteht, sind 14 Monatsgehälter pro Jahr keine Seltenheit. Dennoch kann man verallgemeinernd sagen, dass das Lohnniveau leicht unter, das Preisniveau jedoch leicht über deutschen Verhältnissen liegt (zumindest in den Großstädten, vor allem in Wien).

Bildung und Ausbildung

Die allgemeine Schulpflicht umfasst neun Jahre. Nach einer vierjährigen Grundschule *(Volksschule)* geht es entweder vier Jahre mit der Hauptschule (danach noch ein berufsvorbereitendes Jahr *„technischer Lehrgang“*) oder mit dem Gymnasium weiter. Haben Grundschüler in den Hauptfächern schlechtere Noten als „Gut“, so müssen sie eine Eignungsprüfung für den Besuch des Gymnasiums ablegen. Gymnasium und Realgymnasium können acht Jahre lang besucht werden. Das Abitur heißt „*Matura*“.

Matura

Trotz europäischer Vereinheitlichung muss ein deutsches Abitur dem Universitätsrektor vorgelegt werden, der entscheidet, ob es der österreichischen Matura ebenbürtig ist. Erst dann (zusätzlich ist eine Bescheinigung über eine Fachzulassung einer deutschen Hochschule nötig) dürfen deutsche Studenten in Österreich immatrikuliert werden.

HINWEIS

Für die gesamte Europäische Union, das soll hier erwähnt werden, gibt es einen Europass-Mobilitätsnachweis. Hier werden alle Ausbildungen, Lernerfahrungen und Praktika etc. eingetragen. Mehr Infos unter: www.europass-info.eu.

Etliche europäische Lehrberufe sind dem deutschen Abschluss gleichgestellt. Infos über Ausbildungsplätze in Österreich gibt es bei der Wirtschaftskammer (www.wko.at) oder beim Arbeitsmarktservice (www.ams.or.at).

Studieren in Österreich

Die Hochschullandschaft ist mit Universitäten, Fachhochschulen und privaten Universitäten ähnlich wie bei uns gegliedert. Unter dem Begriff „nicht-universitärer Bildungssektor“ fasst man Akademien pädagogischer und landwirtschaftlicher Fakultäten zusammen. Fernuniversitäten sind in Österreich unbekannt. Es gibt Studiengebühren! Fachhochschulen haben eigene Aufnahmeverfahren, manche universitären Studiengänge haben Numerus Clausus.

TIPP

Lassen Sie sich für ein, zwei Auslandssemester nicht in Deutschland exmatrikulieren. Erstens könnte Ihr deutscher Studienplatz verloren gehen, zweitens könnte es Probleme mit Ihrer Krankenversicherung geben.

Rente

In unserem Nachbarland wird das Wort „Pension“ wie bei uns „Rente“ verwendet. Folglich heißt das Synonym zur Deutschen Rentenversicherung „Pensionsversicherungsanstalt“.

Sozialversicherung

Deutschland unterhält mit Österreich ein Sozialversicherungsabkommen – mehr dazu siehe in den Kapiteln 1 bis 3.

Krankenversicherung

Wie bei uns kennt man eine gesetzliche Krankenversicherung (allerdings ohne Wahlmöglichkeit des Versicherungsunternehmens!), in der fast jeder Österreicher versichert ist, man kennt allerdings auch Zuzahlungen zu Arztbesuchen, Medikamenten, Krankenhaus- und Kuraufenthalten. Geht man der freien Arztwahl wegen zu einem Arzt, der nicht über die Krankenversicherung abrechnet, so bleibt man auf mindestens 20 Prozent der Kosten sitzen.

In der Arbeitslosenversicherung wird (wie bei uns vor der Einführung von Hartz IV) unterschieden zwischen Arbeitslosengeld und Notstandshilfe (vergleichbar mit der alten deutschen Sozialhilfe). Die Dauer der Gewährung des Arbeitslosengeldes hängt vom Alter und von der Dauer der Berufstätigkeit ab, wird aber aus verschiedensten Gründen für deutsche Auswanderer ohnehin kaum eine Rolle spielen. Die Beiträge zur Sozialversicherung werden (fast) hälftig von Arbeitgeber und -nehmer bezahlt, sie liegen in etwa auf deutscher Höhe.

Steuern

Wer in Österreich arbeitet (außer Entsendung), ist in Österreich steuerpflichtig. Deutschland unterhält mit Österreich ein sogenanntes Doppelbesteuerungsabkommen. Wer in beiden Staaten Einkünfte hat, beispielsweise Mieteinnahmen in Deutschland und ein Arbeitseinkommen in Österreich, wäre ohne Doppelbesteuerungsabkommen in beiden Ländern mit beiden Einkommenssteuerarten steuerpflichtig, er würde also folglich doppelt besteuert. Das schließt das Doppelbesteuerungsabkommen aus. Für Auswanderer bedeutet das, sie werden komplett in Österreich besteuert, es sei denn:

Doppelbesteuerungsabkommen

- sie halten sich nicht länger als 183 Tage pro Jahr in Österreich auf oder
- ihr Lohn wird von einem Arbeitgeber bezahlt, der nicht in Österreich ansässig ist.

Liegt einer der oben genannten Fälle vor, so werden sie nur in Deutschland besteuert. Allerdings werden im oben genannten Fall die Mieteinnahmen in Deutschland zwar nicht in Österreich (doppelt)besteuert, sie spielen aber bei der Höhe der Einkommenssteuer für die Einnahmen aus anderen Einkunftsarten im Rahmen des sogenannten „Progressionsvorbehaltes" eine Rolle! Eine Vermögenssteuer gibt es in Österreich seit 1994 nicht mehr.

Progressionsvorbehalt

Grenzgänger, also Berufstätige, die in Deutschland grenznah wohnen und in Österreich arbeiten, werden in Deutschland besteuert (mehr Infos dazu unter: www.bmf.gv.at).

Einfuhr

Für die Einreise benötigen Deutsche nur ihren Personalausweis oder ihren Reisepass, Kinder einen Kinderausweis. Ein Visum ist grundsätzlich nicht erforderlich!

Für Einfuhren von Waren zu privaten Zwecken aus anderen EU-Ländern wie Deutschland bestehen grundsätzlich keine zoll- oder steuerrechtlichen Beschränkungen. Seit 2004 müssen Katzen und Hunde bei der Einfuhr EU-weit durch Mikrochips (ISO-Norm 11784) markiert sein, übergangsweise bis 2011 auch durch eine Tätowierung. Ein zusätzlicher Heimtierausweis muss eine bestehende Tollwutschutzimpfung bescheinigen.

Tiere nur mit Mikrochip

Auto

Vignette

Seit Jahren ist sie eines der großen Streitthemen zwischen den Nachbarländern: die Vignette. Für das Benutzen österreichischer Autobahnen ist eine Vignette Pflicht (dazu kommen besondere Mautstraßen oder Tunnel, für deren Benutzung zusätzlich gezahlt werden muss).

Wollen Sie Ihr deutsches Auto ausschließlich zu privaten Zwecken nutzen, so dürfen Sie es nach Österreich einführen, ohne es verzollen zu müssen. (Ausnahmen existieren bezüglich der Mehrwertsteuer bei Autos, die noch keine sechs Monate alt sind oder weniger als 6.000 Kilometer auf dem Tacho haben: Anstelle der ausländischen Mehrwertsteuer muss in diesen Fällen die österreichische Mehrwertsteuer entrichtet werden.)

> **TIPP**
>
> Deutsche Finanzämter stellen eine Bescheinigung über bereits gezahlte Mehrwertsteuer aus!

Spätestens dreißig Tage nachdem Sie Ihren Wohnsitz in Österreich bezogen haben, müssen Sie Ihr Auto in Österreich zulassen – Ausnahme ist die Doppelwohn-

sitzregelung. Behalten Sie Ihren Hauptwohnsitz nämlich in Deutschland, so haben Sie mit der Ummeldung ein Jahr Zeit. Die Ummeldung erledigt im Gegensatz zu Deutschland das Versicherungsunternehmen!
Eine österreichische Sonderregelung ist die „Normverbrauchsabgabe" bei der erstmaligen Anmeldung in Österreich. Sie ist eine verbrauchsabhängige Steuer, die bis zu etwa 20 Prozent des Fahrzeugwertes betragen kann.

Ummeldung durch das Versicherungsunternehmen

Wohnen

Da für Ausländer in Österreich grundsätzlich eine Genehmigungspflicht für Immobilienerwerb besteht, benötigen EU-Ausländer wie eben Deutsche eine Befreiung hiervon, ein von der Bezirksverwaltung ausgestelltes „Gleichstellungsformular". Weitere Beschränkungen gibt es in Urlaubsregionen. Oft ist hier der Erwerb von Zweitwohnsitzen verboten. Der Umgang mit Makler, Notar und Grundbuch entspricht deutschen Gepflogenheiten.
Die Wohnungsmietpreise haben in den letzten Jahren auch in Österreich stark angezogen, zumal Deutsche kein Recht auf eine Wohnung des sozialen Wohnungsbaus haben.

Gleichstellungsformular

Staatsangehörigkeit

Die österreichische Staatsangehörigkeit erwirbt man,

- wenn ein Elternteil Österreicher ist,
- wenn sie verliehen wird (meist erst nach zehn Jahren mit österreichischem Wohnsitz) oder

- als Universitätsprofessor einer österreichischen Hochschule.

Ein paar österreichische Besonderheiten

Ausländische Damen sind gerne in Tracht gesehen, Männer hingegen nicht! Der Österreicher legt Wert auf Titel. Hat er einen solchen erworben, verliehen bekommen oder geerbt, so legt er großen Wert auf die Erwähnung desselben!

KAPITEL 11

Polen

„Noch ist Polen nicht verloren" – die Nationalhymne hatte wohl noch nie so recht wie zu Beginn des dritten Jahrtausends. Nicht vergessen, aber überwunden scheinen für das Land die oftmals leidvollen historischen Entwicklungen und Erfahrungen gerade mit seinen großen Nachbarn, den Deutschen im Westen und den Russen im Osten. Polen grenzt im äußersten Nordosten an Russland, genauer an dessen Enklave Kaliningrad, dem früheren Königsberg. Litauen, Weißrussland, Ukraine, Tschechische Republik, Slowakei und Deutschland sind weitere Nachbarn.

Attraktive Landschaften

Von der Pommerschen bis zur Danziger Bucht verfügt Polen über eine ausgesprochen reizvolle Ostsee-Küste. Überhaupt bietet Polen abwechslungsreiche, attraktive Landschaften: von den riesigen Waldgebieten in Masuren und der Pommerschen Seenplatte im Norden, bis zu den Bergen der Hohen Tatra und Karpaten im Südosten.

Bedeutende Ballungszentren

Bedeutende Ballungszentren befinden sich im oberschlesischen Industriegebiet, um die Großstädte Warschau und Lodz sowie im Weichseldelta mit den drei Städten Gdansk (Danzig), Sopot und Gdynia (Gdingen).

EU-Übergangsregelungen

Die Republik Polen ist eine parlamentarische Demokratie und seit 2004 Mitglied der Europäischen Union. Für Polen gelten aber noch bis 2011 besondere Übergangsregelungen. Deshalb können noch einige Regelungen von den üblichen Verfahren in der EU, wie etwa bei der Einreise oder beim Zugang zum Arbeitsmarkt, abweichen.

Polen hat den Euro noch nicht eingeführt (das soll 2010 oder später geschehen), die Landeswährung heißt Polnischer Zloty (PLN). Der Wechselkurs von Euro zu Zloty beträgt rund 1:3.
Hauptstadt und Regierungssitz ist Warschau. Seit 1999 ist Polen in 16 Landesbezirke, den Woiwodschaften *(województwo)* gegliedert, die sich wiederum in Kreise *(powiat)* und Kommunen *(gmina)* als weitere Verwaltungseinheiten aufteilen.

Klima

Von lau bis rau

Das Klima reicht von lau bis rau. Gemäßigt im Westen, kontinental im Osten. Die Sommer sind mäßig warm mit Durchschnittstemperaturen im Juli um 19 Grad. Die Winter können besonders im Osten recht kalt werden – mit Minustemperaturen im Südosten von etwa fünf Grad.

Bevölkerung und Sprache

Katholisches Land

Mehr als 38 Millionen Einwohner hat das Land, und es ist rund 312.680 Quadratkilometer groß. Auf einem Quadratkilometer leben etwa 123 Personen. Die überwiegende Mehrheit der Bevölkerung ist römisch-katholisch.
Die Landessprache ist zwar Polnisch, aber mit Deutsch und Englisch kann man sich in dem gastfreundlichen Land recht gut verständigen.

Einreise

Sie brauchen einen gültigen deutschen Personalausweis oder Reisepass, wenn Sie nach Polen einreisen. Familienmitglieder, die nicht die deutsche Staatsangehörigkeit besitzen, benötigen einen gültigen Reisepass. Innerhalb von vier Tagen nach Grenzübertritt müssen Sie sich bei der zuständigen kommunalen Verwaltung melden, wenn Sie einen vorübergehenden Aufenthalt bis zu drei Monaten planen.

Reisepass notwendig

Soll Ihr Aufenthalt in Polen länger als drei Monate dauern, dann müssen Sie Ihren Aufenthalt bei der zuständigen Verwaltung der Woiwodschaft registrieren lassen. Den Registrierungsantrag müssen Sie spätestens am ersten Tag nach Ablauf von drei Monaten persönlich stellen. Die Drei-Monatsfrist beginnt mit dem Tag der Einreise.

Aufenthaltsgenehmigung

Eine registrierte Aufenthaltsgenehmigung gilt fünf Jahre. Danach können Sie eine Daueraufenthaltsgenehmigung persönlich beantragen. Voraussetzung dafür ist allerdings, dass Sie sich in diesem Zeitraum tatsächlich ununterbrochen in Polen aufgehalten haben.

Arbeit

Polens Wirtschaft boomt – aber lange Zeit hat sich das auf dem Arbeitsmarkt nicht positiv ausgewirkt. An zweistellige Arbeitslosenquoten gewöhnt (nirgendwo in der EU ist etwa die Jugendarbeitslosigkeit höher als in Polen), ziehen deshalb Jahr für Jahr viele polnische Arbeitnehmer gen Westen. Und gerade die Lockerungen für den Zugang zum Arbeitsmarkt in vielen EU-Ländern, vor allem in Großbritannien, Irland und in den Niederlanden, machen Jobs für polnische Wanderarbeiter sehr attraktiv.

Fachkräftemangel

Doch der Aderlass an Arbeitskräften ist mittlerweile auch auf dem polnischen Arbeitsmarkt zu spüren. Es fehlen vor allem Fachkräfte wie

- Ingenieure,
- Baufacharbeiter,
- kaufmännisches Personal,
- Ärzte,
- Krankenschwestern und
- Pflegepersonal.

Weil der Job im Ausland (noch immer) mehr lohnt, können in Polen nach Schätzungen der Bundesagentur für Arbeit allein 20.000 Stellen für Ärzte und bis zu 60.000 Stellen für Krankenschwestern und Krankenpfleger nicht besetzt werden.

Zunehmend entdecken auch Deutsche Chancen auf dem polnischen Arbeitsmarkt.

Polen hat seinen Arbeitsmarkt für all jene EU-Länder geöffnet, die für polnische Arbeitnehmer den Zugang zum heimischen Arbeitsmarkt ebenfalls gelockert haben. Deutschland hat diese EU-Bestimmungen noch nicht umgesetzt. Dies soll 2011 geschehen. Deshalb benötigen Deutsche, die in Polen arbeiten wollen, voraussichtlich bis zu diesem Zeitpunkt eine Arbeitserlaubnis für Polen.

Arbeitserlaubnis noch erforderlich

Diese bürokratische Maßnahme stellt aber offensichtlich für Deutsche kein allzu großes Hindernis dar: Sie stehen an der Spitze aller Zuwanderer in Polen. Die Arbeitserlaubnis kann nur der Arbeitgeber beim zuständigen Arbeitsamt beantragen. Sie gilt zwölf Monate. Hat ein Deutscher in Polen zwölf Monate in einem regulären Arbeitsverhältnis gestanden, kann er ohne Beschränkungen in Polen arbeiten.

Mindestlohn

In Polen gibt es einen Mindestlohn. Wie das Lohnniveau überhaupt, ist auch der Mindestlohn im Vergleich zu den meisten EU-Staaten sehr niedrig. Seit 2007 beträgt der monatliche Mindestlohn 936 Zloty brutto (ca. 310 Euro).

Der durchschnittliche Brutto-Lohn liegt etwa bei 2.550 Zloty (ca. 647 Euro) im Monat. Allerdings gibt es sehr große Schwankungen. So wird beispielsweise mehr als das Doppelte im Durchschnitt in EDV-Berufen oder auch im Bergbau verdient.

Freiwillige Arbeitgeber-leistungen

Ein Arbeitnehmer erhält in der Regel zwölf Monatsgehälter im Jahr. Weitere freiwillige Leistungen des Arbeitgebers, von Mietzuschuss bis Firmenwagen, können im Arbeitsvertrag ausgehandelt werden.

Bei einer Beschäftigungsdauer bis zu zehn Jahren hat ein Arbeitnehmer Anspruch auf 20 Tage Jahresurlaub. Hat er mindestens zehn Jahre im Unternehmen gearbeitet, steigt der Urlaubsanspruch auf 26 Tage im Jahr.

In Polen gilt die 40-Stunden-Woche mit in der Regel fünf Arbeitstagen. Maximal 150 Überstunden dürfen in einem Kalenderjahr pro Arbeitnehmer geleistet werden.

Die Kündigungsfrist bei unbefristeten Arbeitsverträgen beträgt einen Monat.

Familienzu-lage

Um Arbeit und Beruf mit Familie und Kindern unter einen Hut zu bekommen, gibt es in Polen Zulagen und Zuschüsse. Abhängig vom Alter beträgt die Familienzulage:

- 48 Zloty (ca. 16 Euro) für ein Kind bis zur Vollendung des fünften Lebensjahres;
- 64 Zloty (ca. 21 Euro) für ein Kind ab fünf Jahren bis zur Vollendung des 18. Lebensjahres;
- 68 Zloty (ca. 23 Euro) für ein Kind ab 18 Jahren bis zur Vollendung des 24. Lebensjahres.

Unter bestimmten Voraussetzungen kann die Familienzulage noch einmal bezuschusst werden. Diese Zuschläge betragen unter anderem:

- für Alleinerziehende für ein Kind 170 Zloty (ca. 57 Euro) und höchstens 340 Zloty (ca. 117 Euro) für alle zum Haushalt gehörenden Kinder;
- für Kinderreiche ab dem dritten Kind 80 Zloty (ca. 27 Euro).

Mutterschaftsurlaub

Frauen, die krankenversichert sind, erhalten in Polen Mutterschaftsurlaub und Mutterschaftsgeld. Das Mutterschaftsgeld entspricht einem Monatslohn und wird vom Unternehmen oder von der ZUS gezahlt.
Mutterschaftsurlaub und Mutterschaftsgeld umfassen einen Zeitraum

- von 16 Wochen beim ersten Kind,
- von 18 Wochen für jedes weitere Kind und
- von 26 Wochen bei Mehrlingsgeburten.

Kinderbetreuung

Sie können Kinderbetreuung in Polen unterschiedlich organisieren:

- Ein Elternteil kann Erziehungsurlaub nehmen und das Kind bis zum dritten Lebensjahr selbst betreuen.
- Sie können nach dem Mutterschaftsurlaub eine Tagesmutter beschäftigen. Tagesmütter sind allerdings gerade in den Ballungsgebieten nicht gerade preiswert. Die Vergütung einer Tagesmutter kann etwa in Warschau bei 1.000 Zloty (ca. 330 Euro) liegen.
- Sie können private oder staatliche Kindertagesstätten und Kindergärten aussuchen.

Sozialversicherung

Das System der Sozialversicherung wird über einen zentralen Versicherungsträger organisiert, die Sozialversicherungsanstalt (ZUS), und umfasst drei Bereiche, die von der polnischen Botschaft in Deutschland übersichtlich erläutert werden.

Sozialversicherungsanstalt (ZUS)

Demnach umfasst die klassische Sozialversicherung:
- Altersrentenversicherung,
- Rentenversicherung (Invalidenrente, Hinterbliebenenrenten, Bestattungsgeld),
- Versicherung gegen Arbeitsunfähigkeit mit Krankengeld sowie
- Unfallversicherung.

In einem zweiten Bereich soll mit einem Arbeitslosenfonds das Risiko der Arbeitslosigkeit abgesichert werden.
Schließlich wird in einem dritten Bereich das eigentliche Gesundheitssystem mit einer Krankenversicherung geregelt. Arbeitgeber und Arbeitnehmer müssen monatlich anteilig Versicherungsbeiträge an die ZUS abführen. Und zwar je zur Hälfte werden Versicherungsbeiträge bei der Pensions- und Rentenversicherung geleistet. Die Beiträge zur Unfallversicherung und zum Arbeitslosenfonds werden nur vom Arbeitgeber gezahlt.
Die Arbeitsunfähigkeitsversicherung mit Krankengeld hat der Arbeitnehmer zu entrichten.
Wie bei uns gibt es auch in Polen Versicherungspflichtige und freiwillige Versicherte. Die Beitragssätze betragen:

Beitragssätze

- bei der Pensionsversicherung 9,76 Prozent,
- bei der Rentenversicherung 6,50 Prozent,
- bei der Arbeitsunfähigkeitsversicherung mit Krankengeld 2,45 Prozent,
- bei der Unfallversicherung abhängig von der ausgeübten Tätigkeit von 0,97 bis 3,86 Prozent,

- beim Krankenkassenbeitrag 8,25 Prozent,
- beim Arbeitslosenfonds 2,45 Prozent,
- beim Garantieleistungsfonds der Arbeiternehmer 0,15 Prozent.

Krankengeld

Der Arbeitgeber und die Zentrale Sozialversicherungsanstalt (ZUS) übernehmen die Zahlung von Krankengeld. Das Krankengeld beträgt mindestens 80 Prozent des Lohnes. Die ersten 35 Tage nach Eintritt der Arbeitsunfähigkeit zahlt der Arbeitgeber, ab dem 36. Tag übernimmt die ZUS die Zahlung.
In der Regel wird das Krankengeld für eine Dauer von sechs Monaten gezahlt. Auf ärztlichen Antrag kann der Bezug um weitere drei Monate verlängert werden.
Wie bei uns haben auch in Polen grundsätzlich alle Versicherten sowie deren Familienangehörige dann Anspruch auf kostenlose medizinische Leistungen, wenn Ärzte und Kliniken entsprechende Verträge mit dem nationalen Gesundheitsfonds abgeschlossen haben. Dies ist mit der Kassenzulassung in Deutschland vergleichbar.

Gesundheitsfonds

Der Gesundheitsfonds gliedert sich in

- eine zentrale Krankenkasse und
- 16 regionale Krankenkassen in den Landesbezirken (Woiwodschaften).

Grundsätzlich wird die Erstversorgung eines Patienten von einem Allgemeinmediziner durchgeführt. Sie benötigen für eine weitere fachärztliche Behandlung eine entsprechende Überweisung eines Allgemeinmediziners.
Diese Überweisungen brauchen Sie nicht für

- Frauenarzt und Geburtshelfer,
- Zahnarzt,
- Arzt für Haut und Geschlechtskrankheiten,
- Onkologen,
- Augenarzt und
- Psychiater.

Verschreibungspflichtige Medikamente sind in der Regel nicht kostenfrei, der Versicherte hat je nach Medikamenten-Kategorie einen unterschiedlich hohen Eigenanteil zu tragen.
Zwar können die Kosten auch vollständig übernommen werden, im Allgemeinen aber müssen Versicherte

- einen Festbetrag in Höhe von 3,20 Zloty (ca. 1 Euro),
- 30 oder 50 Prozent der Medikamentenkosten

zahlen.

INFO

Nähere Informationen erhalten Sie bei der Wirtschafts- und Handelsabteilung der Botschaft der Republik Polen, Glinkastraße 5–7, 10117 Berlin, E-Mail: info@wirtschaft-polen.de, Internet: www.wirtschaft-polen.de.

Steuern und Abgaben

Dreistufige Einkommenssteuer

Neben den Beiträgen zur Sozialversicherung, die ein Arbeitnehmer von seinem Bruttolohn zahlen muss, fällt selbstverständlich auch noch die Einkommenssteuer an.
In Polen gibt es drei Stufen der Einkommenssteuer:

- 19 Prozent beträgt der Einkommenssteuersatz bei einem Brutto-Verdienst bis zu 43.405 Zloty (ca. 14.500 Euro), abzüglich eines Grundbetrages von etwa 572 Zloty (ca. 190 Euro).

- 30 Prozent beträgt der Einkommenssteuersatz für jenen Betrag, der 43.405 Zloty (ca. 14.500 Euro) übersteigt.
- 40 Prozent Einkommenssteuer werden fällig ab einem Brutto-Verdienst von 85.528 Zloty (ca. 2.850 Euro).

TIPP

Die Bundesagentur für Arbeit verweist auf einen kostenlosen polnischen Gehaltsrechner im Internet, an dem Sie sich orientieren können: www.pracuj.pl.

Bildung und Ausbildung

Kinder ab sechs Jahren müssen zwölf Monate lang in eine Art Vorschule gehen. Dieses Vorschuljahr wird entweder in einem Kindergarten oder in eigens eingerichteten Grundschulklassen angeboten.

Schulsystem

Das Schulsystem gliedert sich in

- eine sechsjährige Grundschule, die Kinder im Alter von sieben und 13 Jahren besuchen;
- ein anschließendes dreijähriges Gymnasium, das in der Regel Kinder im Alter von 13 und 16 Jahren besuchen;
- ein dreijähriges allgemeines Lyzeum oder
- ein dreijähriges Lyzeum mit Fachausrichtung oder
- ein vierjähriges Technikum oder
- eine zwei- bis dreijährige Berufsschule.

Jeder Schultyp wird mit einem eigenen Abschluss beendet. Die allgemeine Hochschulreife wird entweder am Lyzeum oder Technikum erworben.

Studium

Es gibt in Polen zwei Arten des Studiums. So wird unterschieden zwischen einem

- Studium ersten Grades (Lizenziat- oder Ingenieurstudium), Studiendauer zwischen sechs und acht Semester, und einem
- Studium zweiten Grades (ergänzendes oder einheitliches Magisterstudium). Das ergänzende Magisterstudium dauert drei bis vier Semester, das einheitliche Magisterstudium neun bis zwölf Semester.

INFO

Eingehende Informationen erhalten Sie im Internet unter http://ec.europa.eu, www.poland.pl und www.buwiwm.edu.pl.

Wohnen

„Zweites Haus"

Sie können in Polen grundsätzlich Immobilien erwerben. Lediglich wenn Sie eine weitere Immobilie, ein sogenanntes „zweites Haus" oder eine land- oder forstwirtschaftliche Liegenschaft kaufen, benötigen Sie in der Regel vorerst eine Genehmigung des Ministeriums für Innere Angelegenheiten.
Die Genehmigung kostet etwa 1.570 Zloty (knapp 500 Euro). Sie ist erforderlich

- bei land- oder forstwirtschaftlichen Liegenschaften innerhalb von zwölf Jahren ab dem EU-Beitritt Polens, also bis 2016;
- beim sogenannten „zweiten Haus" innerhalb von fünf Jahren ab dem EU-Beitritt Polens, also noch bis 2009.

Mit „zweitem Haus“ werden in Polen Grundstücke benannt, die ein ausländischer Bürger nicht als festen Wohnsitz nutzt. Die Grundstücke können bebaut sein. Die Grundstücksgröße ist auf maximal 5.000 Quadratmeter begrenzt.

Der Kauf einer Immobilie muss von einem Notar beurkundet werden. Mietverträge dagegen können Mieter und Vermieter ohne notarielle Beurkundung abschließen.

Im Vergleich zu Deutschland sind Häuser und Wohnungen in Polen immer noch erheblich preiswerter. Gebrauchte Immobilien sind günstiger als neu gebaute.

Baufirmen verkaufen Neubauten

Häufig werden Neubauten von Baufirmen angeboten, die über eigene Verkaufsbüros verfügen. Bevor Sie einen Kaufvertrag unterschreiben, sollten Sie beim zuständigen örtlichen Gericht das Grundbuch einsehen und sich im Gerichtsregister vergewissern, dass Ihr Bauunternehmen nicht pleite ist und auch tatsächlich über eine Baugenehmigung für Ihre gewünschte Immobilie verfügt.

Die Nachfrage nach neuen kleineren Wohneinheiten mit einer Wohnfläche bis ca. 60 Quadratmeter ist besonders hoch. Deshalb kann sich in diesem Segment die Suche durchaus schwieriger gestalten. Via Zeitungsinserat, Internet oder auch über einen Makler bzw. Immobilienagenturen können Sie auf Immobiliensuche gehen.

Quadratmeterpreise

Beim Kauf von Neubauwohnungen können Sie etwa einen Quadratmeterpreis veranschlagen, der zwischen 3.500 und 6.000 Zloty (also zwischen rund 1.150 und 2.000 Euro) liegt. Bei Mietwohnungen in dem besonders stark nachgefragten Marktsegment (60 Quadratmeter) müssen Sie im teuren Warschau mit einem Mietpreis von monatlich rund 2.000 Zloty (ca. 500 Euro) rechnen.

Wenn Sie eine Immobilie über einen Makler mieten wollen, sollten Sie in der Regel eine Monatsmiete als Courtage kalkulieren. Ferner wird in der Regel eine Kautionszahlung verlangt, die maximal das Zwölffache der Monatsmiete betragen darf.

Mietverträge

Grundsätzlich gibt es zwei Arten von Mietverträgen:

- befristete Mietverträge, die nicht vorzeitig gekündigt werden können, und
- unbefristete Mietverträge, in denen die Dauer der Kündigungsfrist festgelegt werden muss.

Auto

Licht ist Pflicht

Licht an – in Polen ist das im Unterschied zu einigen anderen EU-Ländern keine Empfehlung, sondern Pflicht. Polen hat nicht nur eine sehr niedrige Promillegrenze (0,2), es gelten auch strenge Geschwindigkeitsbegrenzungen:

- innerhalb geschlossener Ortschaften 50 km/h (nachts 60 km/h),
- auf einspurigen Landstraßen 90 km/h,
- auf Schnellstraßen 100 km/h,
- auf Autobahnen 130 km/h.

Technische Prüfung

Sie müssen Ihr Auto in Polen anmelden, wenn Sie sich länger als sechs Monate in dem Land aufhalten wollen. Vor der Ummeldung ist eine technische Prüfung Ihres Kfz notwendig, die bei besonderen Überwachungsstellen, den *Stacia Kontroli Pojazdow*, durchgeführt werden. Danach können Sie Ihr Auto auf Ihrem örtlich zuständigen Verkehrsamt ummelden. Folgende Dokumente sollten Sie vorlegen:

- gültigen Pass,
- polnische Aufenthaltserlaubnis,
- Anmeldebescheinigung,
- Fahrzeugpapiere (Kfz-Schein, Kfz-Brief),
- deutsche Kennzeichen oder die Abmeldebestätigung einer deutschen Kfz-Zulassungsstelle,
- Eigentumsnachweis (Kaufvertrag) sowie den
- Nachweis der technischen Prüfung Ihres Autos.

Übersetzung

Beachten Sie bitte, dass Sie alle Dokumente, die nicht in Polnisch verfasst sind, von einem vereidigten Dolmetscher ins Polnische übersetzen lassen müssen.
Für die Ummeldung können Sie etwa 160 Zloty (ca. 53 Euro) veranschlagen, für die Kennzeichen gut 500 Zloty (ca. 145 Euro).

KAPITEL 12

Schweiz

Die Eidgenossen – mehr als Nummernkonten, Heidi-Idylle und Schokolade, aber was genau? Das deutsche Bild der Schweizer ist diffus, so ungenau, wie sich „der Schweizer“ beschreiben lässt. Zwar sprechen zwei Drittel der Schweizer Deutsch, aber eben kein Hochdeutsch, sondern Schwyzerdütsch, dazu kommt Französisch (viel), Italienisch (weniger), Rätoromanisch (fast gar nicht mehr, nur in Graubünden) und viele Dialekte.
Zwar gilt der Schweizer als extrem heimatverbunden, dennoch ist die Schweiz mit 100.000 neu zugezogenen Ausländern bei gerade mal siebeneinhalb Millionen Einwohnern fast ein Einwanderungsland.
Fast die Hälfte der Schweizer ist römisch-katholisch, ein Drittel evangelisch. Das Klima ist nördlich der Alpen kontinental mit sehr kalten Wintern und südlich der Alpen teilweise schon mediterran mit zum Teil sehr heißen Sommern in den Tälern.
Die Hauptstadt ist Bern, und nicht etwa Zürich. Die Deutschen (ca. 120.000) bilden hinter Ex-Jugoslawen, Italienern und Portugiesen die viertgrößte Zuwanderungsnationalität.

Kantone

Das Land hat 20 Kantone und sechs Halbkantone, aber wenig Rohstoffe und wenig landwirtschaftliche Flächen – so wird fast alles importiert und im Land veredelt. Das gilt übrigens auch für Geld. Und so sind die vorherrschenden Wirtschaftszweige die weiterverarbeitende Industrie (Chemie und pharmazeutische Produkte), der Tourismus und das Bankwesen.
Die Schweiz ist eine Demokratie mit Parlament, vor allem aber mit vielen Volksabstimmungen, das ist das

Direkte Demokratie

Hauptmerkmal der Schweizer direkten Demokratie. Ein weiteres spezifisches Schweizer Kunststück ist die Zusammensetzung des Bundesrates. Ungeachtet des Wahlergebnisses entsenden die Parteien eine vorher festgelegte Zahl von Abgeordneten. Wichtiger als die Parteizugehörigkeit scheint die sprachliche und kantonale Zusammensetzung.
Die Schweiz ist kein Mitglied der EU und hat auch nicht den Euro als Währung, sondern den Schweizer Franken (SFR) bzw. die Rappen als Hundertstel davon.

Einreise

Einreise erleichtert

Seit Mitte 2007 hat sich in der Schweiz viel geändert: Seitdem nämlich haben EU-Bürger das Recht, in der Schweiz zu arbeiten. Das war nicht immer so. Bis dahin wurden maximal 15.000 neue Arbeitsbewilligungen pro Jahr verteilt. Nicht entfallen ist für Ausländer, die länger als drei Monate in der Schweiz leben wollen (bis zu dieser Grenze langt die Einreise mit gültigen Papieren), die Meldepflicht beim Migrationsamt des zuständigen Kantons (es gilt der Wohnort, nicht der Ort der Arbeitsstätte!)
Neues auch für Grenzgänger, also Menschen, die in Deutschland wohnen und in der Schweiz arbeiten. Mit der Grenzgängerbewilligung gibt es nun keine Auflagen mehr über (grenznahen) Wohn- oder Arbeitsort. Mehr Infos gibt's beim Migrationsamt (www.bfm.admin.ch).
Impfungen sind nicht vorgeschrieben.

Bildung und Ausbildung

Das Schulsystem unterscheidet sich von Kanton zu Kanton, deshalb kann es hier nicht näher beschrieben werden, üblich ist aber vier bis sechs Jahre Primarstufe, dann drei bis vier Jahre Übergangsstufe.

Die Lehre in einem Schweizer Betrieb ähnelt sehr dem dualen System (inklusive Berufsschule), das wir in Deutschland kennen. (Achtung: Der Unterricht findet auch in Französisch oder Italienisch statt!)

Sprachbarriere

Für Praktika in der Schweiz bietet sich traditionell der Tourismus an, weil hier immer wieder während der Hauptsaison Bewerber gesucht werden.

INFO

Infos unter www.berufe-gastgewerbe.ch. Lehrlingstausch findet statt unter www.eurodyssee.net.

Etwa jeder achte der 160.000 Schweizer Studenten ist Ausländer. Die Alpenrepublik hat zwölf Hochschulen, davon zehn kantonale (Bundesländer) und zwei eidgenössische (bundesstaatliche). Sechs davon sind deutschsprachig (Basel, Bern, Luzern, St. Gallen und zwei in Zürich).

INFO

Mehr Infos zum Studium in der Schweiz finden Sie unter www.crus.ch (hier auch eine Liste der Studiengebühren), zu den sieben Fachhochschulen unter www.switch.ch.

Die Studiengänge der privaten Hochschulen in der Schweiz werden vom Staat zwar nicht anerkannt, genießen aber dennoch einen hohen internationalen Ruf. Auch in der Schweiz wird gerade wie in ganz Europa gemäß den sogenannten Bologna-Richtlinien von Diplom- auf Master- und Bachelorabschlüsse umgestellt. Der Bachelor dauert drei Jahre und befähigt zum Aufbaustudium, das mit dem Master nach weiteren zwei

Bologna-Richtlinien

Jahren abschließt. Danach kann zusätzlich ein Promotionsstudiengang „draufgesattelt“ werden.
An den Fachhochschulen wird nach drei bis vier Jahren mit dem Diplom abgeschlossen. Jede Hochschule entscheidet für sich über Zugangsvoraussetzungen, zu denen auf jeden Fall ausreichende Kenntnisse der jeweiligen Unterrichtssprache gehören.

Arbeit

Die Arbeitslosenquote der Schweiz liegt seit Jahren unter der Deutschlands. Das liegt unter anderem an der seit Jahren sehr restriktiven Einwanderungspolitik, die allerdings jetzt deutlich gelockert wurde (siehe Einreise).

Wer ist gefragt?

Angelehnt an die zentralen Bereiche der Schweizer Wirtschaft stellen gut ausgebildete Ingenieure sowie Fachkräfte für die Versicherungs- und Bankkonzerne wie der ganze Tourismusbereich bei Stellengesuchen den größten Teil.

> INFO
>
> Das Online-Angebot der Schweizer Arbeitsverwaltung www.rav.ch findet sich unter www.treffpunkt-arbeit.ch.

Dazu sind wie überall die Stellenanzeigen in den großen Tageszeitungen sowie private Stellenvermittler gute Adressen.

> INFO
>
> Detaillierte Infos zu den Durchschnittslohnen findet man beim Schweizer Bundesamt für Statistik unter www.bfs.admin.ch.

Die Probezeit beträgt in der Regel zwischen einem und drei Monaten, danach steigt die Kündigungsfrist mit der Betriebszugehörigkeit:

Kündigungsfristen

Bis ein Jahr	ein Monat
Bis neun Jahre	zwei Monate
Darüber	drei Monate

INFO

Musterverträge und arbeitsrechtliche Informationen gibt's beim Staatssekretariat für Wirtschaft www.seco.admin.ch.
Wer zum Arbeiten in die Schweiz geht, kommt am Informationsmaterial des Integrationsbüros des Bundesamtes für Ausländerfragen www.bfm.admin.ch nicht vorbei.

Achtung: Regeln Sie die Lohnfortzahlung im Krankheitsfall in Ihrem Arbeitsvertrag.
Anders als bei uns ist auch der Erholungsurlaub geregelt: Dieser wird nämlich in der Schweiz zumindest grundsätzlich vom Arbeitgeber festgelegt (aber auch da sucht nicht jeder direkt Streit).
In den sieben Berufen Arzt, Zahnarzt, Tierarzt, Apotheker, Pfleger, Hebamme und Architekt erfolgt eine Anerkennung des deutschen Bildung- bzw. Berufsabschlusses wegen bilateraler Verträge automatisch. In allen anderen Bereichen (schon bei der Anerkennung eines Facharzttitels) muss die Ausbildung der schweizerischen vergleichbar sein und zur Genehmigung bei den Schweizer Behörden eingereicht werden.

Eignungsprüfung

Ist die ausländische Ausbildung etwa ein Jahr kürzer als in der Schweiz, so muss mit einer zusätzlichen Eignungsprüfung, einem Anpassungslehrgang bzw. dem Nachweis langer Berufserfahrung gerechnet werden.
Schwierig ist in der Schweiz die Kinderbetreuung, auch weil die durchschnittliche Arbeitsdauer schon über der in Deutschland liegt. Die 40-Stunden-Woche ist ge-

rade für Gutverdiener in der Schweiz nur ein Traum. Die einzelnen Betreuungsmöglichkeiten inklusive Öffnungszeiten führt das Staatssekretariat für Wirtschaft www.seco.admin.ch in der Broschüre *„Vereinbarkeit von Beruf und Familie"* auf. Mehr auch unter www.kinderkrippen-online.ch.

Steuern und Sozialabgaben

Der Arbeitnehmeranteil zu den Sozialversicherungen variiert je nach Lebensalter, damit ist allerdings von Alter (Rente), Invalidität bis hin zur Arbeitslosigkeit alles abgedeckt. Nur die Krankenversicherung geht extra.

INFO

Mehr Informationen liefert das Schweizer Bundesamt für Sozialversicherung (www.bsv.admin.ch).

Traumland Schweiz?

Warum gibt es so viele Grenzgänger? Weil in der Schweiz sowohl die Löhne als auch die Lebenshaltungskosten deutlich höher sind als bei uns. Am meisten rechnet es sich also, in Deutschland zu leben und in der Schweiz zu arbeiten. Nimmt man beides jedoch zusammen, so sind die relativen Lebenshaltungskosten in der Schweiz etwa so hoch wie bei uns.
Deutschland unterhält mit der Schweiz ein Doppelbesteuerungsabkommen (mehr dazu siehe Kapitel 1).
Die Steuerbelastung ist kantonal sehr unterschiedlich, liegt aber insgesamt unter den in Deutschland üblichen Sätzen.

TIPP

Unter www.steuern.sg.ch können Sie sich Ihr Schweizer Nettogehalt ausrechnen.

Einfuhr und Zoll

Grundsätzlich ist sowohl die Einfuhr von Reisegütern als auch bei dauerhaftem Aufenthalt in der Schweiz die Einfuhr von Umzugsgütern steuerfrei. In diesen Genuss der Zollfreiheit können auch Ausländer kommen, die ihren ersten Wohnsitz in Deutschland behalten wollen. Das Umzugsgut muss in dem Zollvordruck *„Abfertigungsantrag für Umzugsgut"* inventarisiert werden, Sonderregelungen gelten wie fast überall für die Einfuhr von Tieren, Pflanzen, Lebensmitteln und Waffen.

Auto

Teures Autofahren

Autofahren ist teuer. Die Vignette ist Pflicht und viele Tunnels oder Gebirgsstrecken sind zusätzlich mautpflichtig. Auch die Parkgebühren in den Großstädten sind zum Teil exorbitant.
Bei einem Aufenthalt von bis zu einem Jahr entfallen Formalitäten zur Einfuhr des eigenen Autos, auch im Rahmen des Umzugsgutes ist ein Auto zollfrei dauerhaft einzuführen. Nach spätestens einem Jahr ist das Auto in der Schweiz zuzulassen. Dann fallen auch Kfz-Steuer und -Versicherung an.

Wohnen

Immobilienerwerb

Deutsche mit Wohnsitz in der Schweiz dürfen sich bewilligungsfrei eine Immobilie kaufen – oder ein Grundstück, wenn man in Jahresfrist mit der Bebauung zu privaten Zwecken beginnt. Eine auch nur teilweise Vermietung verlangt eine behördliche Bewilligung. Eine Bewilligungspflicht besteht auch bei Grundstücken von über 3.000 Quadratmetern, die sich Deutsche in der Schweiz aber ohnehin meist nicht leisten können.

Gesundheit

Spezialitätenliste

Die ärztliche Versorgung ist in der Schweiz mindestens so gut wie in Deutschland. Medikamente der sogenannten Spezialitätenliste sind verschreibungspflichtig, werden aber kostenmäßig zu neunzig Prozent erstattet. Dabei fällt eine Besonderheit auf: Nicht nur Apotheken, auch Ärzte (selbstdispensierende) vergeben Arzneimittel.

KAPITEL 13

Spanien

Die iberische Halbinsel – so nennt man den Südwesten Europas mit Spanien, Portugal und dem bisschen Andorra und Gibraltar. Doch das Festland steht auf der deutschen Wunschliste gar nicht ganz oben, fast eingemeindet von den Deutschen sind die spanischen Inseln: die Balearen im Mittelmeer mit Mallorca, Menorca und Ibiza, die Kanaren im Atlantik vor der Westküste Afrikas mit Gran Canaria, Fuerteventura, Teneriffa und den kleinen Inselschwestern drumherum. Nicht zu vergessen, aber für deutsche Auswanderer ziemlich reizlos, die spanischen Exklaven auf afrikanischem Gebiet: Ceuta und Melilla.

Die Inseln

Der deutsche Tourist kennt Flamenco, Paella, Stierkampf und die sonnigen Küsten, der Auswanderer weiß, dass Spanien nach der Schweiz das gebirgigste Land Europas ist. Spanisch ist im ganzen Land Amtssprache, daneben existieren Katalanisch, Galizisch und Baskisch. Seit der Jahrtausendwende etwa wächst Spaniens Wirtschaft schneller als der europäische Durchschnitt, das Land holt auf. Mittlerweile liegt das Pro-Kopf-Einkommen in den spanischen Metropolen und den Urlaubsregionen über dem EU-Durchschnitt.

Sprachen und Dialekte

Spanien gehört zum Euro-Raum, Einfuhren in Bargeld größerer Mengen sind erlaubt, müssen aber deklariert werden. Auch bargeldlose Überweisungen zwischen Deutschland und Spanien kosten mittlerweile nicht mehr als eine Inlandsüberweisung.

Klima

Ewiger Frühling

Überwiegend gibt's in Spaniens Süden mediterranes Klima (das ist ja auch für viele Auswanderer einer der Hauptgründe). Auf den Inseln, so sagt man landläufig, gibt es nur eine Jahreszeit, den Frühling. Doch wir haben auch schon andere Spanienauswanderer kennengelernt: Eine ältere Dame zog es aus privaten Gründen in ein kleines Dorf in den Pyrenäen nahe Andorra. Sie wird sich weniger an mediterranes, so doch eher an hochalpines Klima gewöhnen müssen. Spanien bietet fast alles, hier übrigens sogar Skipisten.

Einreise

Wie jeder EU-Bürger dürfen Deutsche mit gültigem Pass bis zu drei Monate ohne Formalitäten nach Spanien einreisen. Ansonsten wird ein Gang zur Ausländerbehörde *(oficina de extranjeros)* unumgänglich (auch bei Wohnortwechsel in Spanien). Mitzubringen sind:

- Personalausweis,
- Arbeitsvertrag,
- drei Passfotos und ein
- Familienstammbuch (für die Aufenthaltsgenehmigung von Familienangehörigen).

Steueridentifikationsnummer

Dort gibt es dann die NIF-Nummer – die Steuernummer (bzw. Steueridentifikationsnummer für Ausländer: NIE), die Sie schon bei Kontoeröffnung oder Autokauf benötigen. (Sie können diese Nummer auch schon bei spanischen Konsulaten in Deutschland beantragen!) Auch wenn die spanische Bürokratie in der Regel für die Bearbeitung des Antrags sechs Monate benötigt, so dürfen Sie während dieser Zeit in Spanien arbeiten. Die Aufenthaltsgenehmigung ist seit April 2007 abgeschafft, Sie erhalten jetzt einen Auszug über die Eintragung ins zentrale Register für EU-Ausländer. Eine Arbeitserlaubnis benötigen Deutsche in Spanien nicht.

Keine Aufenthaltsgenehmigung

Bei einem vorübergehenden Aufenthalt dürfen Reisegüter, bei einer dauerhaften Wohnsitzverlegung Umzugsgüter zollfrei von Deutschland nach Spanien eingeführt werden. Sonderregelungen bestehen für die Sonderzone Kanarische Inseln.

Bildung und Ausbildung

Im Gegensatz zum deutschen dualen System der Berufsausbildung (Berufsschule plus Firma) findet die spanische Berufsausbildung fast ausschließlich in der Berufsschule statt *(formación profesional reglada).* Nur gegen Ende sind Praktika im Betrieb vorgesehen. Mehr betriebliche Anteile bietet die *formación profesional especifica de grado superior* nach dem Abitur *(bachillerato).*

Praktika verpflichtend

Eine zweisprachige Ausbildung in Deutsch und Spanisch bietet nach deutschem dualen System die ASET an *(asociación hispano-alemana de ensenanzas téchnicas www.aset.es).* In Madrid und Barcelona werden so Industriekaufleute und Kaufleute für Transport- und Logistikdienstleitung ausgebildet. Die Ausbildung erfolgt in der Schule in Deutsch, im Betrieb in Spanisch und wird vor der deutschen Auslandskammer in Spanien nach zwei Jahren abgelegt. Die Spanier bieten etwas Vergleichbares (Deutsch-Spanisch Berufsausbildungsprojekt) in Düsseldorf und Hannover an. Informationen gibt's bei der spanischen Botschaft in Berlin.

INFO

Eine gute Adresse für die Vermittlung von Ferienjobs und Praktika in Spanien ist die Bundesagentur für Arbeit (www.europaserviceba.de), alternativ auch die deutschen Auslandshandelskammern (www.ahk.de).

Keine Semester

Spaniens Universitäten kennen keine Semester, sondern nur ganze Studienjahre von Oktober bis Juni! Das Studiensystem in Spanien ist lange nicht so vereinheitlicht wie die Lehramts-, Diplom- und Magisterstudiengänge in Deutschland. Ein Überblick:

Primer Ciclo – nach drei Jahren erhält man an den *escuelas universitarias* den *„diplomado"*, *„arquitecto técnico"* oder den *„ingeniero técnico"*. Abschlüsse allesamt, die nur nach obligatorischem Absolvieren des einjährigen *„curso de adaptación"* für den zweiten Zyklus qualifizieren.

Primer y segundo Ciclo – zweimal jeweils zwei bis drei Jahre pro Zyklus. Den erworbenen Titel *„licenciado"* führen etwa Geisteswissenschaftler wie auch Mediziner. Ein Sonderfall sind Fächer, die schon nach dem ersten der beiden Zyklen einen berufsqualifizierenden Abschluss anbieten.

Tercero Ciclo – dieses Promotionsstudium dauert zwei Jahre und verlangt zwingend vorher den Abschluss als *„licenciado"*, *„arquitécto superior"* bzw. *„ingeniero superior"*.

INFO

Infos zum Studium in Spanien gibt's beim www.daad.de und www.universia.es.

Studiengebühren

Das Studium an spanischen Hochschulen ist gebührenpflichtig. Die jährlich neu festgelegten Sätze sind zu finden unter: www.mec.es.

Für deutsche Studieninteressenten klärt das spanische Bildungsministerium, ob das Zugangszeugnis anerkannt wird *(homologación)*. In der Regel ist das deutsche Abitur ausreichend. Pflicht für ausländische Studienbewerber ist allerdings eine Eignungs- und Sprachprüfung *(selectividad)*, die ein wirklich sicheres Spanisch voraussetzt. Einen einheitlichen staatlichen Numerus Clausus für einzelne Fächer gibt es nicht, das ist in Spanien Sache der Universitäten. Gleiches gilt für eine nationale Bewerbungsstelle für die Vergabe von Studienplätzen – sie ist nicht existent. Sie müssen sich an der Universität direkt bewerben, an der sie studieren wollen, diese wird dann Abiturnote und Ergebnis der Eignungsprüfung zu einer Gesamtnote verschmelzen.

Zugangszeugnis

Klären Sie vor Antritt eines Studiums in Spanien, wie die dort geplanten Abschlüsse in Deutschland anerkannt werden, damit es keine bösen Überraschungen nach der Rückkehr gibt. Eine gute Adresse hierfür ist das Informationssystem „Anabin" (www.anabin.de).

Anerkennung von deutschen Abschlüssen

Die spanischen Masterstudiengänge der Business Schools setzen einen Hochschulabschluss voraus, sind also in deutschem Sinne Aufbaustudiengänge.

INFO

Unter www.unicomer.deusto.es und www.cordis.europa.eu werden Doktoranden- und Postdoktorandenstellen in ganz Europa Infos angeboten.

Arbeit

Noch, so kann man sagen, hat Spanien eine der höchsten Arbeitslosenquoten innerhalb der EU. Gerade Jugendliche und Frauen sind überproportional davon betroffen.

Hohe Arbeitslosenquote

Zu den wichtigsten Arbeitsplatzanbietern gehört die Dienstleistungsbranche, hier an erster Stelle der landesweite Tourismus; in der Industrie entsteht das größte Arbeitsplatzangebot im Bau- und Kfz-Wesen sowie in der Chemie- und Lebensmittelindustrie. Die niedrigste Arbeitslosenquote hat der Großraum Madrid, die höchste Andalusien und die Kanaren, auch wegen der Nähe zu den Immigrationsländern Nordafrikas.

TIPP

Wo suche ich nach einem Arbeitsplatz in Spanien? Hier ein paar Adressen:
- www.inem.es (Arbeitsministerium)
- www.gobiernodecanarias.es (Arbeitsamt der Kanaren)
- www.gencat.es (Arbeitsamt Katalonien)
- www.xunta.es (Arbeitsamt Galizien)
- www.academicjobs.eu.com (Arbeitsstellen für Akademiker)
- www.turijobs.com (das muss man wohl nicht übersetzen, oder?)

Stellenanzeigen sind auch in der großen Tagespresse üblich (www.elmundo-eldia.es, www.abs.es oder www.elpais.es). Gute Adressen sind auch die deutsche Handelskammer für Spanien oder die spanische Industrie- und Handelskammer (www.ccape.es bzw. www.camaramadrid.es).

Mindestlohn

In Spanien gibt es einen Mindestlohn (Infos unter www.tusalario.es). Hier oder bei den spanischen Arbeitsmarktstatistikern (www.ine.es) erfahren Sie, was Sie in Ihrem jeweiligen Beruf in Spanien als Entlohnung durchschnittlich erwarten dürfen.

Probezeiten dauern höchstens sechs Monate, in Betrieben mit weniger als 25 Mitarbeitern darf die Probezeit jedoch nicht länger als drei Monate dauern.

Urlaub gibt es mindestens dreißig Tage im Jahr (neben zwölf gesetzlichen Feiertagen). Und wer heiraten will, der sollte das in Spanien tun. Spanische Arbeitgeber müssen nach dem Gesetz für die Flitterwochen 15 Tage Sonderurlaub gewähren! Also auf, Hochzeitmachen in Spanien!

Heiraten in Spanien

In Spanien sind befristete Arbeitsverträge viel üblicher als bei uns – deutsche Bewerber werden so gut wie keine Chance haben, direkt in ein unbefristetes Arbeitsverhältnis einzusteigen. Auch für Spanier ist das mittlerweile schon fast unmöglich geworden. Wie bei uns haben es IT-Ingenieure und gut ausgebildete Facharbeiter einfacher als Geisteswissenschaftler, denn davon gibt es auch in Spanien genug. Ohne Spanischkenntnisse, das muss man deutlich sagen, haben deutsche Bewerber keine Chance.

Befristete Arbeitsverträge

Auch wenn Spanien sich langsam deutschen Lebensverhältnissen anpasst (und es nach Expertenmeinung in wenigen Jahren in Sachen Lebensstandard überholt haben wird), liegen die Löhne, aber auch die Lebenshaltungskosten noch unter deutschem Niveau. Selbstverständlich sind sowohl Löhne als auch Lebenshaltungskosten in Madrid höher als in einem Pyrenäendorf.

Die Kinderbetreuung ist von unterschiedlichen Trägern auch im Vorschulbereich gut ausgebaut. Es gibt eine Elternzeit von vier Monaten. Infos über deutsche Schulen in Spanien (in fast allen Großstädten) finden Sie unter www.bva-bund.de. Das spanische Kindergeld beträgt nur einen Bruchteil der deutschen Höhe und wird einkommensabhängig nur für Niedrigverdiener gezahlt.

Kinderbetreuung

Steuern

Alle Informationen zum Thema Doppelbesteuerungsabkommen (das Deutschland und Spanien miteinander unterhalten) finden Sie in Kapitel 1. Die *agencia tributa-*

Niedriger Spitzensteuersatz

ria kann Ihnen vor Arbeitsantritt auch Ihre Steuerbelastung ausrechnen. Und jetzt mal was Gutes: Der spanische Spitzensteuersatz liegt bei knapp unter 30 Prozent! Und es kommt noch besser. Die Hauptlast der Sozialversicherungsbeiträge trägt in Spanien der Arbeitgeber, Ihr Anteil wird bei etwa fünf Prozent liegen. Allerdings: Eine Pflegeversicherung kennen die Spanier nicht.

INFO

Details über die Beitragssätze zur spanischen Sozialversicherung finden Sie unter www.seg-social.es.

Sonderregeln, die das Steuerrecht betreffen, sind etwa die gesonderte Besteuerung in autonomen Regionen, die die Höhe ihrer Steuersätze selbst festlegen können. Freibeträge zur Steuer reduzieren in Spanien nicht wie bei uns das zu versteuernde Einkommen, sondern die Steuerschuld direkt! Sonderfälle sind weiterhin die Einkommensbesteuerung nichtansässiger Personen (und ihres Immobilienbesitzes in Spanien), die Vermögenssteuer *patrimonio* und die (noch) bestehenden Steuervorteile der Sonderzone ZEC für Unternehmen auf den Kanarischen Inseln.

Sozialversicherung

Innerhalb aller EU-Staaten gelten die „Gemeinschaftsbestimmungen über soziale Sicherheit“, so auch zwischen Spanien und Deutschland (siehe Kapitel 3). Dem spanischen Sozialversicherungssystem unterliegen Sie, sobald Sie in Spanien eine berufliche Tätigkeit aufnehmen. Ausnahme: Entsendung. Die spanische Sozialver-

sicherungsanstalt heißt INSS, angemeldet werden Sie dort von Ihrem Arbeitgeber. Der Sozialversicherungsausweis heißt *cartilla de la seguridad social.* Arbeitssuchende werden in Notsituationen(!) kostenfrei behandelt.
Mehr Informationen zum spanischen Sozialversicherungsrecht für Auswanderer bietet der Ratgeber der EU *„seguridad social para trabajadores migrantes"*.
Ein Satz noch zur Krankenversicherung: Nicht alles ist so wie in Deutschland. Nur ein paar Unterschiede: Es gibt keine freie Krankenhauswahl, Sie müssen in die *ambulatorios* der Landesgesundheitsanstalt *„insalud"*. Alle anderen ärztlichen Zentren müssen Sie selbst bezahlen, deshalb muss man zum Teil auf ärztliche Behandlungen, die die Kasse bezahlt, monatelang warten. Bis auf das Zähneziehen übernimmt die Krankenversicherung keine Kosten beim Zahnarzt! Also: Private Zusatzversicherungen sollten Sie sich überlegen.

Krank in Spanien

Auto

Ähnlich wie in Frankreich werden Deutsche sich auf spanischen Straßen zwar schnell heimisch fühlen, die hohen Mautgebühren allerdings werden ein Leben lang abschrecken. Wollen Sie Ihr deutsches Auto ausschließlich zu privaten Zwecken nutzen, so dürfen Sie es nach Spanien einführen, ohne es verzollen zu müssen (Ausnahmen existieren bezüglich der Mehrwertsteuer bei Autos, die noch keine sechs Monate alt sind oder weniger als 6.000 Kilometer auf dem Tacho haben: Anstelle der ausländischen Mehrwertsteuer muss in diesen Fällen die spanische Mehrwertsteuer entrichtet werden.)

TIPP

Deutsche Finanzämter stellen eine Bescheinigung über bereits gezahlte Mehrwertsteuer aus!

Anmeldesteuer

Spätestens sechs Monate nachdem Sie Ihren Wohnsitz in Spanien bezogen haben, müssen Sie Ihr Auto auch dort zulassen – die Anmeldesteuer *(impuesto de matriculación)* ist saftig. Ab dann unterliegen Sie der spanischen Kraftfahrzeugsteuerpflicht sowie der Versicherungspflicht.

Wohnen

Spanische Immobilienblase

Für Deutsche gibt es keine Beschränkungen hinsichtlich eines Immobilienerwerbs in Spanien – allerdings ist mittlerweile selbst in deutschen Zeitungen regelmäßig über die spanische Immobilienblase mit exorbitant hohen (überzogenen) Preisen gerade in Ballungsgebieten und Urlaubsregionen zu lesen. Dabei sollten Sie wissen, dass Sie nicht den Standard des deutschen Bauwesens erwarten dürfen. Ein weiterer Unterschied ist, dass Sie für einen rechtsgültigen Immobilienerwerb nicht zwangsläufig einen Notar benötigen, übrigens auch nicht zwangsläufig einen Grundbucheintrag, sodass Sie unbedingt klären müssen, ob der, der Ihnen ein Haus verkaufen will, auch der rechtmäßige Eigentümer ist.

TIPP

Als Ausländer sollten Sie vor einem Immobilienerwerb auf die nachträgliche Eintragung Ihres Vorbesitzers ins Grundbuch bestehen, nur dann nämlich können Sie auch sicher sein, dass alle Abgaben gezahlt wurden und keine offenen Steuerrechnungen auf Sie übergehen.

Halten Sie nichts für selbstverständlich beim Grundstückerwerb: Ein Anschluss an die Stromversorgung etwa ist nicht zwingend vorgeschrieben, ist Ihre Traumimmobilie noch im Rohbau, dann fragen Sie auch, ob überhaupt eine Baugenehmigung vorliegt.

Kaum unbefristete Mietverträge

Das Angebot an Mietwohnungen ist deutlich geringer als in Deutschland! Unüblich sind in Spanien unbefristete Mietverträge. Meist wird ein Vertrag über drei Jahre abgeschlossen, der dann bei beiderseitiger Zustimmung verlängert wird. Erst bei einer Mietdauer von über fünf Jahren verlängern sich solche Verträge automatisch um jeweils ein Jahr.

Staatsangehörigkeit

In Spanien geborene Kinder deutscher Eltern erhalten eine deutsche Staatsangehörigkeit, anderes gilt, wenn ein Elternteil Spanier ist. Nach einem mehr als zehnjährigen ununterbrochenen Aufenthalt in Spanien können Sie die spanische Staatsbürgerschaft beantragen, allerdings nur, wenn Sie Ihre deutsche aufgeben.

Spanische Besonderheiten

Die Siesta (Mittagsruhe) regelt den Tagesablauf. Selten wird vor 9.30 Uhr mit der Arbeit begonnen, eine zweistündige Mittagspause ist meist obligatorisch. Daraus resultierend verschiebt sich das Abendessen oft auf eine uns unbekannte Zeit von etwa 22.00 Uhr.

Tabus für uns Ausländer bei Diskussionen mit Spaniern sollten die separatistischen Bewegungen im Land, Stierkämpfe und der katholische Glauben sein.

KAPITEL 14

Türkei

Schnäppchenparadies und Etikettenschwindel

„All inclusive" – im „5-Sterne-de-luxe-Ressort", bewertet freilich nach „Landes-Kategorien", ist Billig-Urlaub in Bettenburg-Ghettos an der türkischen Riviera und anderswo zwar immer noch möglich. Doch das Massentourismus-Image eines schier endlosen Schnäppchen-Paradieses mit Sonne, Bergen und Meer hat Kratzer bekommen. Ob Ramsch-Ware mit gefälschten Designer-Labels oder medizinische Versorgung zum absoluten Discountpreis – vieles, nicht allein beim Touristen-Boom – ist mehr Schein als Sein, statt Qualität halt Etikettenschwindel.

Kurdenkonflikt

Doch es gibt auch eine andere Türkei. Ungeachtet ungelöster heftiger innergesellschaftlicher Probleme, wie etwa den auch kriegerischen Auseinandersetzungen mit den Kurden im Südosten, befindet sich die Türkei wirtschaftlich im Aufschwung – und hat Europa fest im Blick. Seit 1999 ist die Türkei Beitrittskandidat der Europäischen Union.

Dabei liegen nur drei Prozent des 814.578 Quadratkilometer umfassenden Territoriums der Republik Türkei in Europa. Die restlichen 97 Prozent gehören zu Kleinasien.

Wenn Ihr Ziel die überwiegend von Kurden bewohnten Gebiete sind, sollten Sie sich über mögliche Sicherheitsrisiken eingehend informieren. Einige Provinzen sind zu Sicherheitszonen und militärischen Sperrgebieten erklärt worden. Immer wieder kommt es zu Anschlägen, übrigens auch in den Tourismus-Zentren. Verbindliche Auskünfte zur Sicherheitslage und zu den Sicherheitsvorkehrungen in der Türkei können Sie beim Auswärtigen Amt in Berlin erhalten.

Wirtschaftswandel

Die Türkei befindet sich im wirtschaftlichen Wandel: Der einstmals dominierende Agrarsektor steuert heute nur noch etwa 13 Prozent zur Wirtschaftskraft bei. 26 Prozent des Bruttosozialproduktes kommen aus dem industriellen Sektor. 62 Prozent erwirtschaftet der Dienstleistungssektor.

Die Türkei hat noch nicht den Euro eingeführt. Landeswährung ist die Neue Türkische Lira (YTL). Der Wechselkurs zwischen Euro und Lira beträgt etwa 1:2.

Klima

Von Ski alpin bis Wasser-Ski

Von schroff kontinental in Anatolien bis mild mediterran an den Süd- und Westküsten bietet die Türkei nicht nur Touristen ein breitgefächertes klimatisches Spektrum. Von Ski alpin bei bitterer Kälte bis Wasser-Ski bei brütender Hitze – das Land weist schon enorme Temperaturschwankungen auf. Attraktiv und voller Leben, gerade für West-Europäer, sind sowohl der hektische Ballungsraum um Istanbul wie auch die touristischen Zentralziele an den Mittelmeerküsten.

Bevölkerung und Sprache

Fast dreimal so groß wie Deutschland hat die Türkei gerade mal über 70 Millionen Einwohner.

Laizistisch ausgerichtet

Rund 99 Prozent sind Muslime. Religiöse Minderheiten bilden unter anderem Christen und Juden. Es gibt eine beachtliche fundamental-islamistische Strömung in der Gesellschaft. Doch ist die Türkei laizistisch ausgerichtet. Staat und Religion sind strikt getrennt.

Wirtschaftsmotor Istanbul

Die Vier-Millionen-Metropole Ankara ist zwar die Hauptstadt der Türkei. Doch die ökonomisch bedeutendste Region mit der Mega-City Istanbul befindet sich mit rund 15 Millionen Einwohnern am europäischen Rand des Landes.

Die offizielle Landessprache ist Türkisch. In den Tourismus-Hochburgen und in der Region um Istanbul kann man sich aber auch oftmals in Deutsch (wegen der vielen aus Deutschland zurückgekehrten „Gastarbeiter") oder in Englisch verständigen. In den mehrheitlich von Kurden bewohnten Gebieten im Südosten wird auch Kurdisch gesprochen. Wegen der kurdisch-türkischen Konflikte war dies aber lange Zeit vom türkischen Staat verboten worden.

Einreise

Kein Visum für Touristen

Wenn Sie sich nur 90 Tage in der Türkei aufhalten wollen, brauchen Sie einen gültigen Reisepass, aber kein Visum. Kinder bis zwölf Jahre müssen entweder im Reisepass ihres Vaters oder ihrer Mutter eingetragen sein oder einen eigenen Kinderausweis besitzen. Für Kinder ab zwölf Jahren sollte ein eigener Reisepass ausgestellt sein.

Ab 90 Tagen Visumpflicht

Das Auswärtige Amt empfiehlt für einen länger als 90 Tage geplanten Aufenthalt, vor der Einreise ein Visum entweder bei der türkischen Botschaft oder beim türkischen Generalkonsulat zu beantragen. Das geht in der Regel schneller als bei der örtlichen Ausländerpolizei in der Türkei. Dort können Sie auch nach der Einreise innerhalb von 90 Tagen eine Aufenthaltserlaubnis beantragen.

Aufenthaltserlaubnis

Deutsche können eine Aufenthaltserlaubnis in der Türkei von zunächst drei Jahren erhalten. Verlängerungen um jeweils fünf Jahre sind auf Antrag beliebig oft möglich. Eine unbefristete Aufenthaltserlaubnis gibt es allerdings nicht.

Voraussetzungen für eine Aufenthaltserlaubnis sind ein gültiger Reisepass sowie der Nachweis, dass Sie Ihren Unterhalt selbst bestreiten können. Als Nachweis gilt etwa die Vorlage eines Arbeitsvertrages.

Zollunion mit der EU

Zwischen der EU und der Türkei besteht seit 1999 eine Zollunion. Deshalb gelten auch für die Türkei die einschlägigen EU-Bestimmungen über den freien Waren- und Güterverkehr. Zuständig für die Einfuhr ist das türkische Hauptzollamt.

INFO

Sie können sich eingehend informieren im Internet unter:

- www.gumruk.gov.tr (türkisches Hauptzollamt),
- www.dtr-ihk.de (die deutsch-türkische Industrie- und Handelskammer informiert über die Möglichkeiten gewerblicher Einfuhr),
- www.bundesverwaltungsamt.de (das Bundesverwaltungsamt informiert über Möglichkeiten nicht-gewerblicher Einfuhr).

Impfungen

Folgenden Impfschutz empfiehlt das Auswärtige Amt:

- gegen Tetanus,
- gegen Diphterie,
- gegen Polio,
- gegen Hepatitis A und B,
- gegen Tollwut,
- gegen Typhus.

Reisen Sie mit einem Auto ein, so benötigen Sie einen Reisepass. In den Reisepass wird die Kfz-Einfuhr eingetragen. Bis zu sechs Monate darf dann der Aufenthalt maximal dauern. Danach müssen Sie Ihr Fahrzeug ummelden. Im Rahmen des Umzuges können Sie Ihr Auto zollfrei einführen.

Arbeit

Immer noch weitgehend am Arbeitsmarkt vorbei prosperiert die Wirtschaft. Inoffiziell schwankt die Arbeitslosenquote zwischen 20 und 25 Prozent, in den Gebieten mit mehrheitlich kurdischer Bevölkerung soll sie bis zu 70 Prozent betragen. Dennoch sind gut ausgebildete – auch ausländische – Fachkräfte in den Ballungsgebieten um Istanbul, Ankara oder Izmir durchaus gesucht.

Gefragte Berufe

Folgende Berufe sind nach Einschätzung der Bundesagentur für Arbeit in der Türkei gefragt:

- Kaufleute im mittleren Management,
- Betriebswirte im mittleren Management,
- Sachbearbeiter mit Fremdsprachenkenntnissen,
- Sekretärinnen mit Fremdsprachenkenntnissen,
- Dolmetscher und Übersetzer,
- Hotel- und Gaststättenfachkräfte,
- Techniker,
- Programmierer und Softwarespezialisten,
- Automatisierungstechniker,
- Elektroniker,
- Steuerungstechniker,
- Krankenschwestern,
- Krankenpfleger,
- Mediziner,
- technische Service-Berufe sowie
- medizinisch-technische Berufe.

Sie dürfen nur mit einer Arbeitserlaubnis eine Tätigkeit ausüben. Sie benötigen dafür eine Aufenthaltserlaubnis von mindestens sechs Monaten. Beachten Sie aber, dass eine Aufenthaltsgenehmigung allein nicht zum Ausüben einer Tätigkeit berechtigt.

Arbeitserlaubnis

Sie beantragen die Arbeitserlaubnis entweder bei der türkischen Botschaft oder beim türkischen Konsulat in Deutschland oder aber direkt beim türkischen Arbeits- und Sozialministerium.
Sie wird nur gewährt, wenn Sie einen Arbeitsplatz nachweisen. Lassen Sie sich deshalb von Ihrem künftigen Arbeitgeber in der Türkei unterstützen. In der Regel muss Ihr Arbeitgeber nachweisen, dass es für Ihren Arbeitsplatz keinen geeigneten türkischen Bewerber gibt.
Für die Erteilung einer Arbeitserlaubnis brauchen Sie:

- eine amtlich bescheinigte Kopie Ihrer beruflichen Qualifikationen,
- eine Aufenthaltsgenehmigung,
- eine amtliche Beglaubigung, dass Sie einen Wohnsitz in der Türkei genommen haben,
- mehrere Passfotos sowie
- ein ausgefülltes Antragsformular für die Erteilung einer Arbeitserlaubnis in vierfacher Ausfertigung.

Eine Arbeitserlaubnis wird zunächst immer nur für einen Arbeitsplatz erteilt. Fällt der Job weg, erlischt auch die Arbeitserlaubnis.
Bei erstmaligem Antrag kann eine befristete Arbeitserlaubnis für höchstens zwölf Monate erteilt werden. Danach kann sie sich um maximal drei Jahre verlängern. Nach dieser Zeit kann für höchstens sechs Jahre eine Arbeitserlaubnis erteilt werden, die nicht mehr an einen Arbeitsplatz in einem Unternehmen, wohl aber an denselben Beruf gebunden ist.

Eine unbefristete Arbeitserlaubnis können Sie erhalten, wenn Sie sich legal und mindestens acht Jahre ununterbrochen in der Türkei aufgehalten haben. Sie erhalten die Erlaubnis auch, wenn Sie legal sechs Jahre lang einen Job ausgeübt haben.

INFO

Ausführlicher können Sie sich auf der Homepage der deutschen Botschaft in der Türkei informieren: www.ankara.diplo.de.

Lohnniveau

Das Lohnniveau in der Türkei ist niedrig. Es gibt zwar einen Mindestlohn. Für Personen ab dem 16. Lebensjahr liegt der monatliche Mindestlohn bei rund 562 Lira (fast 300 Euro) brutto, für Personen unter 16 Jahren liegt er bei rund 470 Lira (rund 250 Euro) brutto. Dies reicht selbst bei den im Unterschied zu Deutschland niedrigeren Lebenshaltungskosten nicht für den Lebensunterhalt.

In der Regel besteht die Vergütung in der Türkei aus einem Grundlohn und freiwilligen Leistungen des Arbeitgebers.

Arbeitsverträge

In der Türkei gibt es grundsätzlich befristete und unbefristete Arbeitsverträge. Arbeitsverträge mit einer Dauer ab zwölf Monaten müssen schriftlich vereinbart werden. Die Probezeit darf maximal zwei Monate betragen. Gibt es einen Tarifvertrag, können es bis zu vier Monate sein. In der Probezeit dürfen Arbeitgeber wie auch Arbeitnehmer ohne Anspruch auf Entschädigung fristlos kündigen.

Es gilt die 45-Stunden-Woche.

Der vergütete Jahresurlaub beträgt je nach Beschäftigungsdauer:

Urlaubsanspruch

- 14 Tage bei einer Beschäftigungsdauer von bis zu fünf Jahren,
- 20 Tage bei einer Beschäftigungsdauer zwischen fünf und 15 Jahren,
- 26 Tage ab einer Beschäftigungsdauer von 15 Jahren.

Sie müssen Ihren Jahresurlaub in Anspruch nehmen, ansonsten verfällt er. Nicht genommener Jahresurlaub darf auch nicht ersatzweise ausbezahlt werden.

Sozialversicherung

Auch in der Türkei ist die soziale Absicherung eine Pflichtversicherung, die in der Regel anteilig von Arbeitnehmer und Arbeitgeber gezahlt wird.
Sie gliedert sich ähnlich wie bei uns in eine

- Krankenversicherung,
- Altersrentenversicherung,
- Invaliditätsversicherung,
- berufsbezogene Unfallversicherung und
- Arbeitslosenversicherung.

Krankenversicherung

Die Krankenversicherung zahlt im Leistungsfall Krankengeld ab dem dritten Krankheitstag für längstens 18 Monate, vorausgesetzt der Arbeitnehmer hat die Versicherungsbeiträge für mindestens 120 Tage abgeführt.
Der Versicherungsbeitrag beträgt elf Prozent vom Bruttolohn, wovon der Arbeitgeber sechs Prozent übernimmt, der Arbeitnehmer fünf Prozent.
Die Krankenversicherung schließt auch Mutterschutz ein. In der Regel umfasst er den Zeitraum von sechs Wochen vor bis sechs Wochen nach der Geburt.

Rentenversicherung

Die Altersrentenversicherung können in der Regel Männer ab Vollendung des 60. Lebensjahres, Frauen ab Vollendung des 58. Lebensjahres beanspruchen. Die Höhe der Altersrente hängt von der Anzahl der beitragspflichtigen Tage ab. Männer müssen mindestens 9.000 beitragspflichtige Tage (das sind etwa 25 Beitragsjahre) nachweisen, Frauen 7.000 Tage (das sind etwa 19 Beitragsjahre). Die Altersrente ist äußerst niedrig und liegt unterhalb des Existenzminimums. Bis zum Jahre 2041 soll die Rentenhöhe auf 50 Prozent des Durchschnittslohnes ansteigen.

Private Altersvorsorge

Sie sollten sich also für Ihre Altersvorsorge zusätzlich absichern und sich eingehend über Möglichkeiten finanzieller Anlagen oder eines Immobilienerwerbes informieren.

In der Türkei sind Sie über Ihren Arbeitgeber unfallversichert. Die Beitragshöhe der Unfallversicherung variiert. Arbeitgeber zahlen zwischen 19,5 und 25 Prozent des Bruttolohns, Arbeitnehmer 14 Prozent.

Arbeitslosenversicherung

Es existiert zwar eine Arbeitslosenversicherung, doch erhalten nach Erkenntnissen der Weltbank tatsächlich nur etwa vier Prozent der Arbeitslosen Leistungen aus dem Versicherungsfonds. Die Beiträge erbringen der Arbeitnehmer mit einem Prozent vom Bruttolohn, der Arbeitgeber mit zwei Prozent und der Staat mit einem Prozent. Voraussetzung für die Zahlung von Arbeitslosengeld ist eine ununterbrochene sozialversicherungspflichtige Beschäftigung des Arbeitnehmers vor Eintritt der Arbeitslosigkeit von 120 Tagen.

Die Höhe des Arbeitslosengeldes beträgt die Hälfte des Bruttolohnes und orientiert sich an der durchschnittlichen Entlohnung der letzten vier Monate vor Eintritt der Arbeitslosigkeit. Wie lange Arbeitslosengeld gezahlt wird, ist abhängig von dem Zeitraum, in dem Beiträge entrichtet worden sind. Die Bezugsdauer beim Arbeitslosengeld beträgt

Arbeitslosengeld

- 180 Tage bei 600 beitragspflichtigen Tagen,
- 240 Tage bei 900 beitragspflichtigen Tagen,
- 300 Tage bei 1.080 beitragspflichtigen Tagen.

In der Türkei gibt es keine Pflegeversicherung. Es sind allerdings Reformen im System der Sozialversicherung geplant. Bislang sind allerdings nur sogenannte Eckpunkte beschlossen.

Steuern

Äußerst komplex mit nahezu permanenten Änderungen – das kennzeichnet die Bestimmungen und Regelungen der Einkommenssteuer.

Progressive Steuersätze

Es gibt progressive Steuersätze. Der Eingangssteuersatz liegt bei 15 Prozent und greift ab einem Brutto-Einkommen von 7.000 YTL (etwa 3.500 Euro). Der Spitzensteuersatz beginnt bei einem Jahreseinkommen von 40.000 YTL (rund 20.000 Euro).
Die Steuersätze im Überblick:

- 15 Prozent bei einem Einkommen ab 7.000 YTL (ca. 3.500 Euro),
- 20 Prozent bei einem Einkommen bis 18.000 YTL (ca. 9.000 Euro),
- 25 Prozent bei einem Einkommen bis 40.000 YTL (ca. 20.000 Euro),
- 30 Prozent bei einem Einkommen ab 40.000 YTL.

TIPP

Sinnvollerweise sollten Sie sich kurz vor Ihrem Aufenthalt in der Türkei bei der türkischen Einkommenssteuerverwaltung über die aktuellen Bestimmungen unter www.gib.gov.tr informieren.

Bildung und Ausbildung

Staatlich kontrolliert

Schule ist in der Türkei verpflichtend. Das türkische Schulsystem ist staatlich kontrolliert, kostenfrei und gliedert sich in

- eine Grundschule für Kinder zwischen sechs bis 14 Jahren, Abschluss nach acht Jahren, und
- eine anschließende dreijährige gymnasiale Sekundarstufe, Abschluss Hochschulreife.

Deutsche Schulen

Sie sollten wenn möglich das Angebot privater, deutschsprachiger Schulen nutzen, die von der deutschen Botschaft in der Türkei gegründet wurden. Solche Schulen mit integrierten Kindergärten gibt es in Ankara und Istanbul. Die Schulen orientieren sich an den Bestimmungen und Lehrplänen der deutschen Kultusminister-Konferenz (KMK) sowie des Landes Thüringen.

In den deutschen Schulen wird von Klasse fünf bis Klasse zwölf unterrichtet. Alle deutschen Schulabschlüsse (Haupt-, Realschulabschluss, Abitur) sind möglich. Sie müssen Schulgeld zahlen. Das Schulgeld umfasst keine Lehr- oder Lernmittel.

Für die Deutsche Schule Istanbul sollten Sie für ein Schuljahr etwa 8.500 Euro kalkulieren. Den Betrag können Sie auf einmal (dann sparen Sie 200 Euro) oder in vier gleichen Raten zahlen. Für die Deutsche Schule Ankara sollten Sie für ein Schuljahr in der Sekundarstufe I einen Betrag von 8.000 Euro veranschlagen, für ein Schuljahr in der Sekundarstufe II bei ganztägiger Betreuung einen Betrag von 5.000 Euro (2.500 Euro bei Halbtagsbetreuung).

TIPP

Informationen und Kontaktadressen finden Sie im Internet auf der Homepage der Deutschen Botschaft in Ankara unter www.ankara.diplo.de.

Studium

Sie können in der Türkei mit einem anerkannten Abschluss der Hochschulreife studieren.
Es gibt

- Berufshochschulen mit einer zweijährigen Studiendauer,
- wissenschaftliche Hochschulen mit einer vierjährigen Studiendauer und
- ein anschließendes Postgraduierten-Studium, das in der Regel zwei Jahre dauert.

Zentrale Studienplatzvergabe

Wenn Sie als Ausländer in der Türkei studieren wollen, müssen Sie eine Aufnahmeprüfung bei der Zentralstelle für Studienplatzvergabe (ÖSYM) ablegen. Geprüft werden sowohl Fachwissen wie auch Ihre Sprachkenntnisse.

INFO

Informationen dazu finden Sie im Internet unter www.osym.gov.tr.

Studiengebühren

In der Türkei werden Studiengebühren verlangt. An staatlichen Universitäten fallen pro Jahr umgerechnet zwischen 300 und 1.000 Euro an. An privaten Hochschulen sind die Studiengebühren höher, sie liegen umgerechnet etwa zwischen 4.000 und 10.000 Euro.

Wohnen

Begrenzung von Grundstücksgrößen

Sie können grundsätzlich Immobilien mieten oder kaufen. Bis zu einer Größe von 2,5 Hektar dürfen Sie Grundeigentum zu Wohn- oder Geschäftszwecken erwerben.

Wenn Sie eine Wohnung oder ein Haus kaufen, verlangt der Fiskus zunächst einmal eine Erwerbssteuer von drei Prozent (anteilig von Käufer und Verkäufer) der Kaufsumme. Danach fallen jährlich Gebäude- und Grundsteuern in Höhe zwischen 0,3 und 0,6 Prozent des Verkehrswertes an.

Sie sollten sich bei Immobiliengeschäften von einem Rechtsbeistand beraten lassen.

INFO

Eine Liste sachkundiger Anwälte erhalten Sie im Internet von der deutschen Botschaft in Ankara unter www.ankara.diplo.de.

Wenn Sie eine Immobilie mieten, sollten Sie sich darüber im Klaren sein, dass in den gefragten Ballungsgebieten um Istanbul und Ankara Wohnraum knapp ist. Entsprechend hoch sind demzufolge auch die Mietpreise für Wohnungen mit akzeptabler Ausstattung. Das Mietpreisniveau kann durchaus mit den Mieten in deutschen Großstädten mithalten oder sogar höher liegen. Ausländer zahlen oftmals in US-Dollar oder in Euro.

Vorkasse bei Mieten

Mietzahlungen werden in der Regel im Voraus geleistet. Vorauszahlungen zwischen sechs und zwölf Monatsmieten sind keine Seltenheit.

Auto

Ummeldung ist aufwendig

Spätestens sechs Monate nach Einreise müssen Sie Ihr Auto bei der zuständigen kommunalen Verwaltung ummelden. Dies ist mit einigem Aufwand verbunden.
Sie benötigen folgende Unterlagen:

- Reisepass mit notariell beglaubigter Übersetzung,
- Kfz-Brief und Kfz-Schein mit notariell beglaubigter Übersetzung,
- Aufenthaltserlaubnis,
- Arbeitserlaubnis,
- Verpflichtungserklärung Ihres Arbeitgebers,
- Carnet des türkischen Touringclubs,
- Grüne Versicherungskarte für die Türkei.

Carnet und Kaution

Das Carnet erhalten Sie allerdings nur, wenn Sie eine Sicherheitsleistung für Zoll und Steuer vorlegen. Diese Sicherheitsleistung wird Ihnen in der Regel von Ihrer Bank gegeben, die Ihnen einen sogenannten Garantiebrief ausstellt.
Einen türkischen Führerschein benötigen Sie übrigens ebenfalls nach sechs Monaten. Das Umschreiben des deutschen Führerscheins erfordert wiederum einigen Papierkram. Sie brauchen:

- Reisepass und deutschen Führerschein mit notariell beglaubigten Übersetzungen,
- Gesundheitszeugnis,
- Führungszeugnis,
- Kopie Ihrer Aufenthaltserlaubnis.

Kfz-Haftpflicht

Sie müssen für Ihr Kfz eine Haftpflichtversicherung abschließen. Doch die Versicherungssummen sind oftmals nicht ausreichend. Es ist deshalb ratsam, Ihr Auto für die Zeit Ihres Aufenthaltes in der Türkei zusätzlich in Deutschland zu versichern.

Polizei-Protokoll

Beachten Sie bitte, dass Sie bei einem Versicherungsfall immer ein Unfallprotokoll der türkischen Polizei benötigen. Ohne Polizei-Protokoll weigern sich Versicherungen in der Regel, Kosten zu übernehmen.
In der Türkei gibt es Tempolimits. Es gelten

- 50 km/h innerhalb geschlossener Ortschaften,
- 90 km/h außerhalb geschlossener Ortschaften und
- 120 km/h auf Autobahnen.

Es bestehen absolutes Alkoholverbot sowie Anschnall- und Helmpflicht.

KAPITEL 15

USA (Vereinigte Staaten von Amerika)

Sie ist sandfarben, war früher einmal rosa und heißt offiziell *„lawful permanent residence (LPR)"*, doch weltweit bekannt ist sie unter dem Namen Greencard, die Aufenthalts- und Arbeitserlaubnis für die Vereinigten Staaten von Amerika. Ohne Greencard gibt es (fast) keine Aufenthaltserlaubnis in den USA, von zeitlich befristeten Visa für Urlauber einmal abgesehen. Und weil es eben ohne Greencard kein Amerika gibt, so wird dieses Länderkapitel USA aus dem Rahmen fallen. Anstelle von Details zum Leben und Arbeiten im Land der unbegrenzten Möglichkeiten wird es hier fast ausschließlich um die Eintrittskarte in dieses Auswandererparadies gehen.

Greencard

Die Gründe, warum die USA ein großes Auswandererwunschland sind, sind vielfältig. Die weltweit größte Volkswirtschaft bietet immer noch gute Arbeitsmöglichkeiten, insbesondere für Akademiker. Auch ein begrenzter Aufenthalt gilt in Deutschland als Zusatzqualifikation und überhaupt, die amerikanische Lebensart, der *american way of life* ist Motivation genug. Sich selbst verwirklichen, wer will das nicht? Doch aus dem American Dream kann auch schnell ein Alptraum werden, Sozialsysteme deutscher Art sind unbekannt, und ein berufliches Scheitern ist viel häufiger (aber weniger bekannt im Ausland) als die viel zitierte Karriere vom Tellerwäscher zum Multimillionär. Wer dahin kommen will, von dem wird deutlich mehr verlangt als bei uns – arbeiten bis zum Umfallen, da sind amerikanische Karrieristen eher dem japanischen als dem bundesdeutsch-gewerkschaftlich-geregelten Wochenarbeitspensum verpflichtet. Und wer schon einmal in Amerika war, der weiß: Ohne gute Englischkenntnisse ist qualifiziertes Arbeiten unmöglich, Schulenglisch ist da nur die Basis.

Greencard

Greencard-Lotterie

Nur in Sonderfällen kann man zu einer amerikanischen Aufenthaltserlaubnis ohne Greencard-Lotterie kommen. Ohne Auslosung erhält die begehrte Karte nur ein Ehepartner eines amerikanischen Staatsbürgers oder Bürger ausländischer Staaten, die wirklich Besonderes für Amerika tun, beispielsweise die Schaffung mehrerer Arbeitsplätze, oder weil die amerikanische Wirtschaft sie als Fachkraft benötigt (so werden übrigens fast dreimal so viel Einreisegenehmigungen verteilt wie via Greencard; die staatliche Jobdatenbank ist online: www.ajb.dni.us) oder weil sie in amerikanischer Uniform in den Krieg ziehen (*Greencard Soldiers*). Alle anderen haben nur eine Chance über die alljährliche Verlosung von „Eintrittskarten für Amerika“, die *Greencard Lottery.* Aber andersherum: Mittlerweile gibt es mehr als zehn Millionen Neu-Amerikaner mittels Greencard!

Und ein ganz wichtiges Detail vorneweg: Sollten Sie durch Zufall in den Besitz einer solchen Aufenthaltsgenehmigung kommen, so sollten Sie die Greencard auch nutzen, denn wer nicht innerhalb einer angemessenen Frist (spätestens sechs Monate nach dem Botschaftsgespräch) einwandert, für den verfällt die Genehmigung – ja, sogar Ausreisen aus der USA heraus von mehr als einem Jahr sind für Greencard-Besitzer genehmigungspflichtig (mit re-entry permit zwei Jahre). Nach einigen

Jahren muss der Wohnsitz definitiv in die USA verlegt worden sein.

INFO

Mehr Informationen gibt's auf der offiziellen Internetseite www.travel.state.gov sowie www.usembassy.de.

Gültigkeit der Greencard

Die Greencard ist generell zehn Jahre gültig, allerdings kann der glückliche Besitzer einer solchen Aufenthalts- und Arbeitserlaubnis vor Ablauf der Gültigkeit eine Verlängerung beantragen, die in aller Regel auch gewährt wird.

Greencard Lottery

Jährlich werden weltweit seit 1987 55.000 Greencards verlost, davon sind 5.000 nur für Lateinamerika. Hintergrund war, dass zu dieser Zeit die Einreisewilligen aus nur wenigen Ländern kamen. Das wollte man eindämmen. So kann in Ausnahmefällen ein ganzes Land aus der Lotterie ausgeschlossen werden.
Die Teilnahme ist

- kostenlos,
- ausschließlich online möglich (seit 2004),
- auch ohne Vermittlungsagentur möglich (auch wenn sich das im Internet oft anders darstellt, die größten deutschen sind wohl www.greencard.de und www.americandream.de) und
- nur mit viel Glück erfolgreich (von 6,5 Millionen Bewerbern weltweit wurden für 2008 1.469 Deutsche gezogen).

TIPP

Wenn Sie verheiratet sind, stellen Sie zwei getrennte Anträge, das verdoppelt die Chancen, weil verheiratete Partner ja auch ohne Greencard mitdürfen bzw. automatisch Anrecht auf eine eigene haben.

Voraussetzung für Greencard

Nicht jeder kann sich um eine Greencard bewerben, viele Suchende werden schon vorab aussortiert. Notwendige Voraussetzungen sind:

- Berufsausbildung mit Berufserfahrung (zwei Jahre) oder
- Fachhochschulabschluss,
- polizeiliches Führungszeugnis,
- ärztliche Untersuchung,
- ausreichende Finanzmittel oder Jobzusage,
- Überstehen eines persönlichen Gespräches im amerikanischen Konsulat in Frankfurt.

Greencard per Heirat

Greencard via Ehe

Wer kein Losglück in der Greencard-Lotterie hat und auch ansonsten nicht so wichtig, reich oder berühmt ist, dass ihm die amerikanischen Behörden unbedingt die Staatsbürgerschaft verleihen wollen, der könnte auf die Idee kommen, einfach eine/n Amerikaner/in zu heiraten. Grundsätzlich ist das richtig gedacht, denn Ehepartner von Amerikanern bekommen augenblicklich eine Greencard. Allerdings sei davor gewarnt. Abgesehen davon, dass die Erfahrung dafür spricht, dass Ehen, die nur wegen des Erlangens einer Staatsbürgerschaft eingegangen werden, meist zum Scheitern verurteilt sind, ist die Scheinehe zur Erlangung der amerikani-

schen Staatsbürgerschaft für die Einwanderungsbehörden kein Spaß. Hohe Geldstrafen und lebenslanges Einreiseverbot können die Folge sein.
Ganz abzuraten ist von einer Partnerschaftsvermittlung via Internet zu diesem Zwecke. Diese Seiten werden auch von den amerikanischen Behörden durchgescannt.

Greencard per Job

Wie bekomme ich einen amerikanischen Arbeitgeber dazu, mich zu wollen und nur mich? Für amerikanische Personalmanager ist eine Initiativbewerbung (also eine Bewerbung ohne Jobausschreibung) nichts Besonderes, auch nicht via E-Mail. Ausschlaggebend wird aber der persönliche Kontakt sein.
Wie bewerbe ich mich in Amerika? Grundsätzlich gilt: Anschreiben und Lebenslauf reichen völlig aus – seitenlange Zeugnisse sind in amerikanischen Bewerbungen eher unüblich, die Durchschnittsnote des Schulabschlusses gehört allerdings in den Lebenslauf hinein. Verlangt der Arbeitgeber nach einer Kontaktaufnahme dann ein Dossier, dann dürfen Sie Zeugnisse und Qualifikationen nachreichen. Aber Achtung: Deutsche Arbeitszeugnisse lassen sich fast nie adäquat ins Amerikanische übersetzen, und eine Übersetzung deutscher Dokumente sollten Sie schon mitliefern.

Lebenslauf

TIPP

Sprechen Sie im Anschreiben Ihre Kontaktperson persönlich an, ein allgemeines „Dear Madams and Sirs" ist hochgradig unüblich. Kennen Sie den Namen nicht, lassen Sie die Anrede besser weg.

In den Lebenslauf gehören im Gegensatz zu deutschen Gewohnheiten keine „Stammdaten" wie Geburtsort, Nationalität, Religion oder Familienstand! Wegen extremer Antidiskriminierungsgesetze würden solche Angaben es dem amerikanischen Arbeitgeber unnötig schwer machen. Auch Fotos sind unüblich! Viel wichtiger als in Deutschland sind neben der Angabe Ihrer beruflichen Fähigkeiten (Achtung: niedrige Noten sind in Amerika schlechter als hohe Ziffern!) außerfachliche Qualifikationen, Soft Skills und Referenzen. Da kann man auch schon mal die persönliche Marathonbestzeit angeben, so etwas steht in den USA für Ausdauer und Zielstrebigkeit. Der Lebenslauf wird nicht unterschrieben.

Aufenthalt via Praktikum (Internship), Aupair, Freiwilligendienst oder Ferienjob

Keine Greencard notwendig

Für befristete Arbeitsverhältnisse (meist bis zu eineinhalb Jahren) ist keine Greencard erforderlich! Versuchen Sie aber nie, mit einem Touristenvisum in den USA einfach mal so zu jobben. Das gibt Ärger, viel Ärger.
Wer zwischen 18 und 26 Jahren alt ist, darf auch als Aupair in Amerika ohne Greencard arbeiten. Maximum ist hier die Frist von einem Jahr, selbstverständlich auch hier mit vorheriger Genehmigung der Einwanderungsbehörden.
In Bezug auf die vorherige Genehmigungspflicht gilt dasselbe auch für Freiwilligendienste bei sozialen oder karitativen Organisationen. Ohne Greencard kann man so bis zu einem Jahr ins Land der unbegrenzten Möglichkeiten.

Mit ein wenig Glück finden junge Leute auch einen Job (und damit eine Einreisegenehmigung ohne Greencard) für Ferienjobs, beispielsweise als Camp Counselor – quasi als Betreuer in einem amerikanischen Ferienlager. Ferienjobs, Aupair und Praktika müssen über staatlich anerkannte Austauschdienste organisiert werden, der Nachbar von einem amerikanischen Bekannten reicht dazu nicht aus, kann aber helfen, wenn er sich die Mühe macht, Sie bei der Einwanderungsbehörde anzufragen. Viele Firmen scheuen nämlich diese Verwaltungsarbeit. Für Geld gibt es selbstverständlich alles, auch Vermittlungsdienste für diese befristeten Jobs. Wenn Ihnen also entweder ein gewerblicher Anbieter oder ein amerikanischer Kontakt den Praktikumsplatz auf gesetzlich vorgeschriebenen Wege anbietet, dann reichen Sie diese Bescheinigung beim amerikanischen Konsulat in Deutschland ein und mit ein wenig Glück geht's los übern großen Teich.

Camp Counselor

TIPP

Die Austauschprogramme finden Sie unter:

- www.usembassy.de/exchanges
- www.findajobusa.org
- www.friedensdienst.de
- www.arbeitsagentur.de
- www.inwent.org
- www.daad.de
- www.usa-interns.org

Gewerbliche Anbieter finden Sie z.B. unter:

- www.internshipprograms.com
- www.jobbankusa.com
- www.summerjobs.com
- www.statejobs.com

Gruppen-Krankenversicherungen

Da man in Amerika als Praktikant keineswegs direkt krankenversichert ist, versuchen Sie, die deutsche Krankenversicherung weiterlaufen zu lassen oder wenden Sie sich an den Organisator des Austauschprogramms. Oft bieten sich auch Gruppen-Krankenversicherungen an.

INFO

Für Informationen über das amerikanische Krankenversicherungssystem siehe: www.ahcpr.gov.

Sonderfälle in Bezug auf Visabestimmungen gelten für berühmte Künstler, Filmschauspieler, Investoren und einige andere wenige Personengruppen, aber wer gehört schon dazu?

Weitere Titel

- Andreas Heiber
  Die neue Pflegeversicherung
  Der Antrag – die Pflegestufen – die Leistungen: Ihre neuen Möglichkeiten und Chancen
  ISBN 978-3-7093-0237-8
  2008, 192 Seiten
  EUR 9,90 (D)/EUR 10,20 (A)

- Eva Schmitz-Gümbel/Karin Wistuba
  Erfolgreich zum Traumjob
  Coaching zur Berufswahl für Eltern und Schüler
  ISBN 978-3-7093-0213-2
  2008, 168 Seiten
  EUR 9,90 (D)/EUR 10,20 (A)

- Rudolf Stumberger
  Hartz IV
  Das aktuelle Gesetz mit den neuen Regelungen. Mit verständlichen Erklärungen zum Ausfüllen des Antrags.
  ISBN 978-3-7093-0224-8
  3. Auflage 2008, 152 Seiten
  EUR 9,90 (D)/EUR 10,20 (A)

- Tibet Neusel/Sigrid Beyer/Kathrin Arrocha
  Immobilienkauf
  Haus oder Wohnung – Alles über Finanzierung, Recht und Steuern
  ISBN 978-3-7093-0195-1
  2008, 190 Seiten
  EUR 9,90 (D)/EUR 10,20 (A)

- Andrea Erdmann/Andreas Kobschätzky
  Erfolgreich bewerben
  Von der systematischen Vorbereitung zum souveränen Bewerbungsgespräch und fairen Arbeitsvertrag

ISBN 978-3-7093-0187-6
2008, 176 Seiten
EUR 9,90 (D)/EUR 10,20 (A)

- Hans-Herbert Holzamer
  Optimales Wohnen und Leben im Alter
  Alle Wohnformen im Überblick – alle staatlichen Förderungen – Checklisten und Adressen
  ISBN 978-3-7093-0196-8
  2008, 176 Seiten
  EUR 9,90 (D)/EUR 10,20 (A)

- Ralph Jürgen Bährle/Susanne Hartmann
  Nebenjobs
  Minijobs und die 400-Euro-Regel – Ein Wegweiser zum sicheren Zusatzverdienst
  ISBN 978-3-7093-0139-5
  2007, 160 Seiten
  EUR 9,90 (D)/EUR 10,20 (A)

- Armin Abele/Bernhard Klinger/Thomas Maulbetsch/ Joachim Müller
  Partnerschaft ohne Trauschein
  Alle wichtigen Rechtsfragen
  ISBN 978-3-7093-0096-1
  2007, 184 Seiten
  EUR 9,90 (D)/EUR 10,20 (A)

- Frank Donovitz/Joachim Reuter/ Lorenz Wolf-Doettinchem
  Das 1x1 der Altersvorsorge
  In sechs Schritten zu mehr Wohlstand in der Rente
  ISBN 978-3-7093-0150-0
  2007, 152 Seiten
  EUR 9,90 (D)/EUR 10,20 (A)

- Frank Donovitz/Elke Schulze
  Richtig versichern
  Welche Versicherung Sie jetzt brauchen und welche Sie sich sparen können.
  ISBN 978-3-7093-0175-3
  2007, 144 Seiten
  EUR 9,90 (D)/EUR 10,20 (A)

- Ulrike Fokken
  Ihre private Ökobilanz
  So sparen Sie Energie und Kosten und schonen die Umwelt.
  ISBN 978-3-7093-0181-4
  2007, 192 Seiten
  EUR 9,90 (D)/EUR 10,20 (A)

- Wolfgang Jüngst/Matthias Nick
  Wenn der Nachbar nervt
  Rechte und Pflichten in der Nachbarschaft
  ISBN 978-3-7093-0174-6
  2007, 160 Seiten
  EUR 9,90 (D)/EUR 10,20 (A)

- Tibet Neusel/Kathrin Arrocha/Sigrid Beyer
  Kinder, Geld und Steuern
  Das neue Elterngeld – Steuern sparen für Familien – Klug vorsorgen. Viele praktische Tipps und Rechenbeispiele.
  ISBN 978-3-7093-0164-7
  2. Auflage 2007, 192 Seiten
  EUR 9,90 (D)/EUR 10,20 (A)

- Inken Wanzek/Christine Rosenboom
  Arbeitsplatz in Gefahr – Das sind Ihre Rechte
  Kündigung – Beschäftigungsgesellschaft – Aufhebungsvertrag – Mobbing – Trennungsgespräche

ISBN 978-3-7093-0152-4
2007, 240 Seiten
EUR 14,90 (D)/EUR 15,40 (A)

- Frank Sieber Bethke
  So kommen Sie zu mehr Gehalt
  Wie Sie Ihr Lohn- und Gehaltsgespräch vorbereiten und es erfolgreich führen.
  ISBN 978-3-7093-0182-1
  2007, 176 Seiten
  EUR 9,90 (D)/EUR 10,20 (A)

- Tibet Neusel/Kathrin Arrocha/Sigrid Beyer
  Neue Renten- und Pensionsbesteuerung
  Das Alterseinkünftegesetz – Absatzmöglichkeiten – Strafverfolgung vermeiden – Erstattungsansprüche sichern
  ISBN 978-3-7093-0118-0
  2006, 192 Seiten
  EUR 9,90 (D)/EUR 10,20 (A)

- Eva Schmitz-Gümbel/Birgit Schönberger
  Mein Geld, dein Geld
  Finanzratgeber für Paare
  ISBN 978-3-7093-0095-4
  2006, 160 Seiten
  EUR 9,90 (D)/EUR 10,20 (A)

- Sven Klinger/Joachim Mohr/Wolfgang Roth/Johannes Schulte
  Patientenverfügung und Vorsorgevollmacht
  Was Ärzte und Bevollmächtigte für Sie in einem Notfall tun sollten.
  ISBN 978-3-7093-0089-3
  2005, 156 Seiten
  EUR 9,90 (D)/EUR 10,20 (A)